KB203020

점령되지 않는 신앙

Faith Under Occupation:
The Plight of Indigenous Christians in the Holy Land
Ecumenical Accompaniment Programme in Palestine and Israel (EAPPI)
Jerusalem Inter-Church Centre (JIC)
World Council of Churches (WCC)
출판: EAPPI/JIC/WCC
편집팀: Michel Nseir, Manuel Quintero, Pauline Nunu, Nader Muaddi & Yusef Daher

Copyright ⓒ 2012 WCC Publications. All rights reserved.
이 책의 한국어판 저작권은 한국기독교교회협의회(NCCK)를 통하여
저작권자인 세계교회협의회(WCC)와 독점 계약한 도서출판 동연에 있습니다.
저작권법에 의해 한국 내에서 보호 받는 저작물이므로
어떤 형태로든 무단 전제와 복제를 금합니다.

점령되지 않는 신앙

: 팔레스타인 그리스도인이 겪는 고난

2016년 9월 19일 초판 1쇄 인쇄
2016년 9월 23일 초판 1쇄 발행
편저자 | 팔레스타인-이스라엘 에큐메니칼 동반자 프로그램(EAPPI)
        예루살렘 인터처치 센터(JIC)
        WCC 국제위원회(CCIA)
역 자 | 한국기독교교회협의회(NCCK) 정의평화위원회
펴낸이 | 김영호
펴낸곳 | 도서출판 동연
편 집 | 박연숙 디자인 | 황경실 관리 | 이영주
등 록 | 제1-1383호(1992. 6. 12)
주 소 | 서울시 마포구 월드컵로 163-3
전 화 | (02)335-2630/4110
전 송 | (02)335-2640
이메일 | yh4321@gmail.com

Copyright ⓒ 동연, 2016

이 책은 저작권법에 따라 보호받는 저작물이므로
무단 전제와 복제를 금합니다.
잘못된 책은 바꾸어드립니다.
책값은 뒤표지에 있습니다.

ISBN 978-89-6447-324-5 03200

NCCK 북시리즈 005

팔레스타인 그리스도인들이 겪는 고난

점령되지 않는 신앙

팔레스타인 이스라엘 에큐메니칼 동반자 프로그램(EAPPI) ·
예루살렘 인터처치 센터(JIC) · WCC 국제위원회(CCIA) 편저
한국기독교교회협의회(NCCK) 정의평화위원회 역

동연

약한 자와 고아를 보살펴 주고
없는 이와 구차한 이들에게 권리를 찾아주며

시편 82:3

팔레스타인-이스라엘 에큐메니칼 동반자 프로그램(Ecumenical Accompaniment Programme in Palestine and Israel, EAPPI)의 지역 준거 그룹(Local Reference, LRG)에 특별한 감사를 표합니다. 특히 예루살렘 교회의 현지 지도자들이 이 프로그램의 필요성을 요청했을 때부터 이 프로그램을 이끌어주시고 영적으로 지원해주신 LRG(Local Reference Group, EAPPI 지역자문그룹) 의장 무니브 유난(Munib Younan) 주교님께 감사의 말씀을 드립니다.

그리고 에큐메니칼 동반자들을 모집, 훈련하고 그들이 집으로 돌아갈 때까지 이들을 지지해준 모든 EAPPI 참여 국가 코디네이터들의 헌신과 노고에 감사합니다. 더불어 EAPPI는 에큐메니칼 동반자로서 이 프로그램에 참여해준 모든 분께 감사 드리며, 그들의 활동을 통해 정의가 구현되기를 소망합니다.

또한 팔레스타인, 이스라엘 및 국제사회의 파트너들과 관계자 모두에게 감사의 말씀을 드립니다.

주님의 평화를 빕니다.

이 책을 번역하여『점령되지 않는 신앙』이라는 제목으로 한국교회에 소개하게 하신 하나님께 감사드립니다.

『점령되지 않는 신앙』은 WCC EAPPI(Ecumenical Accompaniment Programme in Palestine and Israel)가 팔레스타인에 파송한 에큐메니칼 동역자들의 생생한 증언을 담아 출판한『Faith Under Occupation』을 번역한 책입니다. 일상적인 폭력과 위협 속에서 일할 권리, 이동, 교육, 주거, 결혼, 종교의 자유 등 기본적인 권리를 침해당한 채 살아가고 있는 팔레스타인 사람들의 아픔을 우리에게 전해주고 있습니다. 그중에서도 특별히 소수 공동체이기에 더 큰 외로움과 아픔을 겪으며 살아가는 팔레스타인-그리스도인들이 있습니다. 그러나 이들은 고통을 피하지 않았습니다. 장벽을 무너뜨리고 팔레스타인과 이스라엘이 공존하는 참된 평화를 이루어 내기 위해서 화해의 일꾼이 되어 자신의 땅을 지키고 있습니다. 아침마다 총을 든 군인들이 지키고 있는 검문소를 통과해야 하고, 어느 날 갑자기 납득할만한 이유 없이 통행을 거부당해야 하는 상황을 일상적으로 겪으면서도 포기하지 않고 평화의 씨앗을 심고 있습니다. 팔레스타인-그리스도인인 아쉬라프는 이렇게 말합니다. "내 안에 계신 하나님께로부터 이런 상황을 견뎌낼 수 있는 힘을 얻습니다. 하나님께서 내 안에서 나를 도우시고 평화와 인내심을 주십니다. 증오를 막아주시고 나의 일을 할 수 있도록 끊임없이 도우십니다."

영토와 자유는 점령당했지만 결코 점령되지 않는 신앙으로 화해와 평화, 공존을 향해 담대히 나아가는 그들의 선한 삶이 아름다운 결실을 맺을 수 있기를 바랍니다. 팔레스타인에서의 불법적인 점령이 종식되고 협력하여 선을 이루는 화합과 일치의 땅으로 거듭나기를 두 손 모아 기도합니다.

지금도 위험을 무릅쓰고 그곳에 뿌리를 내리고 하루하루를 살아내고 있는 용기 있는 팔레스타인 거주자들, 그리고 그들과 함께 거하며 이곳의 상황을 세상에 전하기 위해 힘쓰고 있는 에큐메니칼 동역자들에게 감사드립니다. 또한 이 책을 펼쳐 팔레스타인의 아픔을 들여다보고 있는 독자들께 깊이 감사드립니다. 이 책을 통해 팔레스타인의 정의와 평화를 위해 기도하고 행동하는 이들이 더 많아지기를 간절히 바라며, 막힌 담을 허물어 하나 되게 하시는 주님의 평화가 팔레스타인 땅에 속히 임하기를 기원합니다.

한국기독교교회협의회

총무 김 영 주

차례

▌일 러 두 기 ▐

약어
- oPt – 팔레스타인 점령지(occupied Palestinian territory)
- PNA – 팔레스타인 자치정부(Palestinian National Authority)
- GOI – 이스라엘 정부(Government of Israel)
- PLO – 팔레스타인 해방 기구(Palestinian Liberation Organization)
- UN – 국제 연합(United Nations)

정의
- A 구역(Area A): 1993년 오슬로 협정에 따라 팔레스타인 군정/민정 구역으로 지정된 웨스트뱅크 지역 – 웨스트뱅크의 17%
- B 구역(Area B): 1993년 오슬로 협정에 따라 이스라엘 군정/팔레스타인 민정 구역으로 지정된 웨스트뱅크 지역 – 웨스트뱅크의 24%
- C 구역(Area C): 1993년 오슬로 협정에 따라 이스라엘 군정/민정 구역으로 지정된 웨스트뱅크 지역 – 웨스트뱅크의 59%
- 두남(Dunum): 토지 측량 단위. 1 두남=1,000㎡
- 인티파다(Intifada): '반란'을 뜻하는 아랍어로 팔레스타인에서는 이스라엘 점령에 반대하는 오랜 대중 저항을 지칭. 팔레스타인에는 두 번의 인티파다가 있었으며, 1차 인티파다는 1987년–1993년, 2차 인티파다는 2000년–2005년에 일어남.

서문

서구에서는 팔레스타인-이스라엘 갈등을 무슬림-유대인 갈등으로만 보는 경향이 많다. 이슬람교나 유대교 신자가 아닐 경우에는, 팔레스타인-이스라엘 갈등과 이 문제에 의해 영향을 받는 사람들을 연결지어 이해하기 힘들다. 이 책은 이스라엘에 점령당한 팔레스타인의 암울한 현실과 이로 인해 모든 팔레스타인 사람들이 겪고 있는 토지와 물의 몰수, 유대인 정착촌 확대, 접근성과 이주 문제, 폭력, 거주권, 그 밖의 많은 인권침해 문제 등을 알리기 위해 팔레스타인 그리스도인들의 증언으로 기록되었다.

또한 이 책은 팔레스타인 그리스도인들이 홀리랜드의 토착민들이라는 사실을 밝히기 위해 쓰였다. 그들은 최근에 개종했거나 이주해온 사람들이 아니라 지구상에서 가장 오래된 그리스도인들이며 팔레스타인의 문화적 정체성을 구성하는 데 필수적인 역할을 하는 사람들이다. 그들은 팔레스타인-이스라엘 갈등의 목격자들이 아니라 수십 년 간 이스라엘 점령에 저항하며 자유를 위해 투쟁해온 갈등의 당사자들이다.

또한 이 책은 팔레스타인 그리스도인의 감소가 팔레스타인 사회 내 이슬람 근본주의 때문이라는 이스라엘과 기독 시오니스트들의 근거 없는 선전을 반박하고, 팔레스타인 그리스도인들이 이 땅을 떠나고 고통 당하는 이유는 이스라엘의 점령 때문이라는 사실을 명백히 하기 위해 쓰였다. 최종적으로 이 책은 기독 시오니스트들이 팔레스타인에 대한 이스라엘의 군사적 점령을 지원함으로써 팔레스타인 그리스도인들의 실존을 얼마나 심각하게 위협하고 있는지 보여주는 것을 목적으로 한다.

이 책의 사례 연구들은 에큐메니칼 동반자들이 웨스트뱅크의 7개 지역(베들레헴 Bethlehem, 헤브론 Hebron, 야이요스 Jayyous, 예루살렘 Jerusalem, 남 헤브론 언덕 the South Hebron Hills, 투르크암 Tulkarm, 야눈 Yanoun)에 거주하면서 직접 얻은 정보를 바탕으로 기록되었다.

1장

팔레스타인 그리스도인에 대한
개념적 이해

팔레스타인 그리스도인에 대한 개념화
는 버나드 사벨라(Bernard Sabella) 박사
의 『팔레스타인 그리스도인: 도전과 희망』
(*Palestinian Christians: Challenges and
Hopes*, 2003)에서 발췌함.

팔레스타인 그리스도인들은 이 땅에 오랜 뿌리를 갖고 있다. 전 세계에 400,000명 정도로 팔레스타인 전체 인구의 약 6.5%를 차지하는 팔레스타인 그리스도인들의 대부분은 아랍어를 모국어로 하며, 그들 중 일부는 초대교회의 역사를 간직하고 있는 팔레스타인의 토착 혈통이다. 오늘날 웨스트뱅크와 가자(Gaza) 지구에는 50,000명의 그리스도인들이 살고 있는데, 이는 전체 인구 약 2,238,000명(1990년대 중반 통계) 가운데 2.2%에 불과하다. 이스라엘에 살고 있는 아랍계 팔레스타인 그리스도인의 숫자는 같은 해 기준 125,000명으로 이스라엘의 아랍계 인구 중 14%를 차지한다. 팔레스타인과 이스라엘에 살고 있는 그리스도인들의 숫자는 175,000명이며 이는 홀리랜드의 아랍계와 유대계 전체 인구 가운데 2.3%에 해당한다.

팔레스타인 그리스도인 중 56% 가량은 대부분 조국 밖에서 살고 있다. 이러한 인구 유출은 1948년 아랍-이스라엘 전쟁 중에 있었던 팔레

점령되지 않는 신앙

스타인 난민의 대이동(726,000명)으로 인해 발생하였다. 난민들 중 팔레스타인 그리스도인의 숫자는 4만-5만 명 정도로 1948년 이전 영국 위임통치령이었던 팔레스타인에 살고 있던 그리스도인의 35%에 해당된다. 1996년, 팔레스타인 난민들과 그들의 후손들은 중동 전체로 흩어졌으나, 주로 60개 난민 캠프에서 살고 있다. 60개 난민 캠프는 웨스트뱅크 19곳, 가자지구 8곳, 요르단 10곳, 시리아 10곳, 레바논 13곳에 흩어져 있다.

팔레스타인 그리스도인들은 대다수가 중동의 도시 지역에서 난민 혹은 난민이 아닌 신분으로 살고 있으나, 이 땅을 떠나 미국, 유럽, 중남미, 호주, 캐나다 등지에서의 삶을 선택한 이들도 많다. 1948년 이후 분산된 팔레스타인 사람들은 하나의 가족이나 집단으로 살지 못했다. 팔레스타인 그리스도인들의 인구 구성은 대부분의 팔레스타인 인구 구성이 그러하듯이 아랍-이스라엘 갈등에 의해 정치적으로 형성되었다.

동예루살렘과 웨스트뱅크, 가자지구에 살고 있는 팔레스타인 그리스도인들은 15개의 다른 교파에 속해있으며, 가장 큰 교파는 그리스 정교회(51%)와 로마 가톨릭(32%)이다. 이집트 콥트교도와 같이 작은 교파의 그리스도인들은 그 수가 몇 가정 정도밖에 되지 않는다.

현재 팔레스타인 그리스도인들의 숫자는 49,702명으로 집계되었다.

이민자 공동체에 사는 팔레스타인 그리스도인들

20세기가 끝나고 이스라엘의 웨스트뱅크와 가자지구에 대한 점령으로 인해 정치적, 경제적 곤경이 심화되었을 때, 팔레스타인 그리스도인 공동체는 아래의 '이민자 공동체'에 대한 정의에 매우 부합하였다.

> 높은 교육 수준과 상대적으로 좋은 생활 수준을 가졌으나 경제적 안정
> 성이나 발전에 대한 현실적인 기대가 없는 사람들이 새롭게 만드는 공
> 동체

1993년 964개 팔레스타인 가정을 대상으로 진행된 이민 조사에 의하면, 웨스트뱅크 중앙 지역의 기독교인과 무슬림들 모두에게서 교육 및 생활 수준이 높을수록 이민 의향도 높아지는 것으로 나타났다. 조사에 응한 239개 기독교인 가정에서는 이민하고자 하는 의향이 무슬림 가정보다 2배 높게 나타났다.

1993년 조사 당시 기독교인 표본 집단은 다른 인구 집단에 비해 평균적으로 교육기간이 조금 더 길고 소득 수준 역시 조금 더 높은 편이었다. 또한 기독교인들 중 이민 의향이 있다고 답한 사람들 대부분은 해외에 가까운 가족이 살고 있는 사람들이었다. 이민을 원하는 주된 이유는 경제적 · 정치적 상황 때문이었는데, 이민을 원하는 사람들의 88%가 열악한 경제적 상황을, 61%가 열악한 정치적 상황을 그 이유로 꼽았다.

이민 감소에 도움이 될 만한 방안으로 응답자의 47%는 정치적 상황의 개선을, 40%는 경제적 상황의 개선을 이야기하였다.

정치적 평화의 중요성

팔레스타인 정치적 상황 변화의 필요성을 나타내는 또 하나의 지표는

'평화가 자리잡아도 이민을 떠날 의향이 있는지'에 대한 응답자들의 반응이다. 이민 의향이 있는 사람들 중 49%가 평화가 찾아온다면 떠나지 않겠다고 답하였다. 무슬림들 중에서는 38%가 떠나지 않겠다고 답하였고, 기독교인들 중에서는 2/3에 가까운 65%의 사람들이 떠나지 않겠다고 답하였다. 이는 정치적 상황이 이민을 택하는 주요한 동기 요인이며, 정치적 상황이 개선될 경우 팔레스타인 이민 추세는 급격히 감소될 것임을 보여주는 증거이다. 이 조사를 비롯한 여러 조사 결과에 따라, 팔레스타인 사람들이 그들의 나라에서 떠나거나 남기로 결정하는 데는 정치적 요인이 중요한 역할을 하고 있음이 명백해졌다.

그런데 왜 그리스도인들이 떠나고 있는가?

그런데 왜 그리스도인들은 다른 집단들보다 더 높은 비율로 이 땅을 떠나고 있을까? 이에 대해 답하기는 간단하지 않은데, 여기에는 상호 연관된 여러 요인들이 복잡하게 작용하고 있기 때문이다. 첫째, 그리스도인들의 사회경제적 특성이 이민 가능성을 높이고 있다. 둘째, 그리스도인들에게 이주는 새로운 현상이 아니며, 멀리 '기독교 국가'로 이주하는 오랜 전통을 갖고 있다. 셋째, 그리스도인들은 다른 인구 집단보다 열악한 경제적, 정치적 상황에 민감하게 반응하며 개선될 가능성이 보이지 않을 경우에는 특히 더 그러하다. 이러한 민감성은 그리스도인들의 인구통계적, 경제적, 교육적, 직업적 성격과 관련이 있다.

예루살렘 그리스도인들의 감소

그리스도인 숫자의 감소가 가져오는 영향을 극단적으로 보여주는 사례가 '어머니 교회'가 있던 예루살렘에서 나타나고 있다. 예루살렘은 그리스도인 177명 당 1개 교회가 있을 만큼 세계에서 1인당 교회 숫자가 가장 많은 곳이지만, 예루살렘 그리스도인들의 숫자는 지속적으로 감소하고 있다. 1967년 이후의 정치적 상황은 많은 팔레스타인 사람들로 하여금 그들의 조국을 떠나게 만들었고, 이것이 그리스도인 감소의 원인이 되었다. 1944년 예루살렘에는 29,350명의 그리스도인들이 살았지만 오늘날에는 50년 전의 35.5%만이 살고 있다는 사실은 그리스도인의 숫자가 얼마나 많이 감소했는지를 잘 보여준다. 교회 관련 종사자들과 전문가들 모두 그리스도인들의 이주를 막고 이를 치유할 방안이 도입되지 않을 경우, 감소 현상은 수그러들지 않을 것이며 결과적으로 몇몇 예루살렘 교회에서는 그리스도인 공동체의 삶이 사라질 것이라고 걱정하고 있다.

2장

팔레스타인에 대한
이스라엘의 군사적 점령이
그리스도인들에게 미치는 영향에
대한 사례 연구

복음주의 목사가 웨스트뱅크에서 하고 있는 일

웨인 스미스(Wayne Smith)*

우리는 웨스트뱅크 중앙에 있는 인적이 드문 작은 마을을 방문하고 돌아왔다. 방문 당시 그곳의 소규모 임시 학교는 이스라엘 점령군의 불도저로 세 번째 밀려 사라졌고, 모든 주민들은 24시간 이내에 퇴거할 것을 통고 받은 상태였다. 우리는 운전사, 통역사와 함께 몇몇 사람들을 찾아가 몇 장의 사진을 찍고는 우리 스스로가 완전히 쓸모 없는 존재임을 느끼며 집으로 돌아왔다. 우리는 여기에서 무엇을 하고 있는 걸까?

우리는 또 다른 마을의 의회 대표와 만나 이야기를 나누며 이스라엘 정착민들이 마을의 샘물을 어떻게 훼손했는지 듣게 되었다. 이제 그들은 마을에 필요한 모든 물을 이스라엘 물 회사로부터 구입해야만 했다. 우리는 그들의 이야기를 듣고 받아 적었지만 할 수 있는 것은 아무것도 없었다. 우리는 여기에서 무엇을 하고 있는 걸까?

우리는 야눈이라는 작은 팔레스타인 마을에 살았는데 그곳은 말 그대로 길 끝에 위치하고 있으며, 인구가 80명도 채 안 되는 작은 마을이다. 우리는 차츰차츰 이곳 사람들에 대해 알게 되었고, 마침내 그들이 매우

---

* 목사. 2011년 1–4월 활동

점령되지 않는 신앙

정중하고 친절한 사람들이라는 사실을 알게 되었지만 우리 가운데 놓인 언어의 장벽은 매우 높았다. 그럼에도 불구하고 우리는 그들과 차나 커피를 마시며 대화를 나눠 보기 위해 어색한 시도를 해보기도 했다. 우리는 여기에서 무엇을 하고 있는 걸까?

내가 어떻게 야눈에 오게 되었는지 설명함으로써 이 질문에 대한 답을 해보겠다. 나는 30년 이상 복음주의 목사로 살면서 복음주의 언약교회(Evangelical Covenant Church)를 섬겨왔으며 목사로서 홀리랜드에 오랜 관심을 갖고 있었다. 나는 인생의 대부분을 이스라엘 국가 건설은 오늘날 일어난 기적이자 하나님께서 허락하신 복의 증거라고 여기며 살아왔다. 나는 1967년 '6일 전쟁'에서 이스라엘이 승리한 것을 축하하며 작은 다윗과 같은 이스라엘이 골리앗 같은 아랍 세계를 무너뜨렸다며 기뻐했던 것을 기억한다. 그러나 6년 전쯤, 중동에 대한 나의 관점이 넓어지기 시작하였다. 먼저, 미트리 라헵(Mitri Raheb)이 쓴 『포위된 베들레헴(Bethlehem Besieged)』이라는 책을 읽게 되었다. 미트리 라헵은 베들레헴 성탄 루터 교회(Christmas Lutheran Church Bethlehem)를 섬기고 있는 목사이다. 이 책은 우선 팔레스타인 사람들이 처한 현실에 눈을 뜨게 하였다. 팔레스타인 사람들은 그들만의 이야기가 있는 사람들이었다. 그리고 이 복잡한 이야기 속에서 팔레스타인인들의 입장을 이해하는 데 도움을 주는 또 다른 저자들의 책을 읽게 되었다. 가족과 마을, 주민들에 대한 이스라엘의 수많은 학대를 목격하고도 용서의 놀라움에 대해서 이야기하는 팔레스타인 목사 엘리아스 차코르(Elias Chacour), 이스라엘 국가는 기본 인권과 정의를 침해하는 현실에 책임이 있다고 열정적으로 주장하는 유대교 신학자 마크 엘리스(Marc Ellis)와 유대계 미국인 마크

브레이버만(Dr. Mark Braverman)이 그들이다.

　이스라엘 국가 탄생에 대한 영광스러운 이야기는 유럽에 살던 유대인들이 팔레스타인에 도착하기 전에 이미 그곳에 살고 있었던 토착 주민들에 대한 이야기를 빼고는 언급할 수 없음을 알게 되었다. 이스라엘 독립 전쟁으로 인해 자신의 땅에서 도망칠 수밖에 없었던 70만 명의 팔레스타인 난민들은 자신의 조국과 고향 마을로 돌아갈 권리를 빼앗겼으며, 1947년-1949년 사이 이스라엘에서는 500개 이상의 팔레스타인 마을이 소개되고 파괴되었다. 결국 1967년 6일 전쟁의 영광스러운 승리는 웨스트뱅크와 가자지구에 사는 250만 명 이상의 사람들이 44년이 넘는 세월 동안 이스라엘에 의해 군사적으로 점령당하는 결과를 낳게 되었다. 또한 이스라엘은 점령 지역에서 팔레스타인 주민들을 강제로 이

요르단 계곡 (The Jordan Valley) 에서 이스라엘 군대 활동을 모니터링 하고 있는 미국 출신의 에큐메니칼 동반자 웨인 스미스 목사

　　　　　　　　　　　　　　　　　점령되지 않는 신앙

주시키고 이스라엘인들의 정착을 유도하는 데 적극적으로 나서고 있다. 이는 국제인권법과 유엔 결의, 그리고 2004년 7월 국제사법재판소의 판결 모두에 반하는 일이다. 나는 이와 같은 군사적 점령으로 인해 점령의 피해자와 점령군의 영혼 모두가 끔찍한 희생을 겪고 있다고 확신하게 되었다.

몇 년 전, 이슬람 공동체에서 봉사활동을 하는 동료 목사인 앤디 라슨(Andy Larsen)과 이러한 관심사를 나눈 적이 있다. 앤디 라슨 목사는 이스라엘 및 팔레스타인 사람들과 함께 일하는 기독교 단체 한 곳을 알고 있었는데, 이 단체는 이스라엘 점령을 종식하고 정의로운 평화를 실현하기 위해 비폭력적인 방법을 추구하는 단체였다. 이 단체가 바로 WCC의 프로그램으로 진행되고 있는 팔레스타인-이스라엘 에큐메니칼 동반자 프로그램(EAPPI)이다. 반 은퇴 상태에서 파트타임으로만 목회를 하기로 결정했을 때 이 프로그램에 개인적으로 참여할 기회가 생겼다. 나는 아내와 함께 프로그램에 지원하였고, 2010년 12월 예루살렘에서 1주일간의 오리엔테이션을 거친 후 배정된 장소로 이동하였다. 나는 야눈의 작은 마을로, 내 아내 루스(Ruth)는 예루살렘으로 배정되었는데, 예루살렘에서 그녀는 이스라엘과 팔레스타인의 평화, 인권 단체들과 함께 일하게 되었다. 야눈에서 함께한 우리 팀은 노르웨이, 독일, 영국 출신 각 1명씩 총 4명으로 구성되었다. 우리가 이 작은 마을에 배정된 이유는 8년 전 이스라엘 정착민들이 팔레스타인 주민들을 총구로 겨누며 쫓아내려 했던 사건 때문이다. 다행히도 이스라엘 인권 단체들이 빠르게 대응하여 팔레스타인 주민들이 다시 그들의 고향으로 돌아올 수 있도록 힘썼다고 한다. 지역 주민들은 외국인들이 자신들의 마을에 상주하는 것을 보며 자신의 집으로 돌아오는 것이 충분히 안전하다고 느끼게 된다. 이것이 EAPPI가 지역민 보호를 위한 상주 활동을 계속 해야 하는 이유이다.

자, 우리는 여기에서 무엇을 하고 있단 말인가? 종종 우리의 존재가 필요 없다고 느낄 때도 있지만, 이 걱정스러운 상황 속에서 우리는 두 가지 일을 하고 있다. 첫째, 우리는 단지 여기에 있다. 우리는 이곳에 존재하는 일을 하고 있다. 우리는 여기에서 매일매일 팔레스타인 사람들과 함께 걷고 있다. 쓸모 없는 일이라 느껴질지 모르지만 우리는 팔레스타인 사람들에게 그들이 잊혀지거나 홀로된 존재가 결코 아니며 임마누엘 하나님이 그들과 함께 하시고 돌보아주신다고 하는 사실을 계속해서 이야기하고 있다. 또한 점령을 종식시키고 정의로운 평화를 실현하기 위한 방법을 찾기 위해, 우리의 영향권에 있는 사람들과 소통하며 중동 지역의 복잡한 상황에 대한 이해를 넓힐 수 있도록 돕고 있다.

이 평화롭고 작은 마을 야눈을 둘러보며 양치기들이 양떼를 몰고, 농부들이 당나귀를 끌며 그들이 수 세기 동안 소유해온 작은 밭을 가는 모습을 보았다. 그리고 만약 우리가 이곳에 머물지 않았다면, 그들은 이곳에 없었을지도 모른다고 확신하게 되었다. 우리는 여기에서 무엇을 하고 있는가? 때때로 이와 같은 확신이 흔들릴 때도 있지만, 하나님께서 아시며 많이 기뻐하고 계심을 나는 믿는다.

점령되지 않는 신앙

베들레헴 – 여행의 정치학

에이미 켄트(Aimee Kent) & 테리 크라우포드 브라운(Terry Crawford Brown)*

언뜻 보기에 팔레스타인은 여행 산업이 호황일 거라 생각할 수 있다. 그리스도인 순례자들에게 중요한 장소들이 많이 있고, 특히 예루살렘과 같은 곳은 일 년 내내 여행객들로 북적댄다. 그러나, 이런 첫인상은 오해를 일으킬 소지가 많다.

이스라엘과 팔레스타인에서의 여행은 이 지역 삶과 산업의 많은 영역과 마찬가지로 정치적 전쟁터의 한 부분이다. 전해지는 바에 의하면 외눈 장군으로 유명한 이스라엘 전 총리 모셰 다얀(Moshe Dayan)은 팔레스타인인들에게 여행 가이드 자격증을 주느니 전투기 비행사 자격증을 주겠다고 말했다고 한다. 그리고 이런 생각을 가진 사람은 한둘이 아니었던 듯하다. 1967년에서 1995년 사이 팔레스타인인 가운데 여행 가이드 자격을 가진 사람은 단 한 사람도 없었고, 이 기간에 팔레스타인인에 의한 여행 산업 투자는 전혀 허가되지 않았다.

이러한 상황은 1995년 이후 조금씩 개선되기 시작하였다. 베들레헴에서 여행 산업에 투자하는 것이 가능해진 것이다. 20세기 말 여행 붐이

* 2010년 10월 – 2011년 1월 활동

크게 일어날 것이라는 기대로 '베들레헴 2000' 프로젝트가 진행되었고, 수백만 달러가 거리 조형물과 기반시설 조성에 투자되었다. 그러나 한 줄기 빛은 그리 오래 가지 못하였다. 2002년 4월 2일 베들레헴 구시가 지에 탱크가 진입하고 상공에는 아파치 헬기가 선회하였으며 거리에는 총성이 울려 퍼졌다. 탱크들은 좁은 길로 진입하기 위해 구시가지 벽을 따라 지나갔다. 성탄 루터 교회(Christmas Lutheran Church) 내부는 도시 심장부의 많은 집들과 마찬가지로 습격당하고 훼손되었다. 한 무리의 팔레스타인 남성들은 도시를 지켜내기 위해 자동 무기와 장갑차량으로 무장한 훈련된 군인들을 상대로 소총을 쏘아붙였다. 이 남성들이 제압 될 때까지 전투는 단 13시간 동안 지속되었다. 이들은 구유 광장(Manger Square)에서 후퇴하였고 예수탄생교회(Church of the Nativity)를 피난처 로 찾았다. 이때부터 거의 4개월간 베들레헴에서 통행이 금지되었고 예 수탄생교회에 있던 사람들은 40일간 포위되었다.

그들이 40일 동안 예수탄생교회에 갇혀 지내며 원했던 것은 그곳을 피난처로 삼으려던 것이 아니었다. 이것은 그들을 받아들인 교회의 수 도자들이 기대했던 바도 아니었다. 그들이 기대했던 것은 이스라엘 군 대가 적어도 이 교회의 신성함과 예수 탄생의 역사적 상징성을 존중해 줄 것이라는 믿음이었다. 그러나 이스라엘 군대는 구유 광장을 장악하 여 교회를 둘러쌌고 국제 평화 센터를 지휘 초소로 사용하였다. 교회는 총탄 구멍으로 벌집이 되었고, 200명의 사람들이 오랜 시간 동안 옷, 음 식이나 응급 치료 도구도 없이 지내야 했던 교회 내부는 심하게 훼손되 었다. 국제평화센터 갤러리에 있던 많은 작품들은 파괴되거나 도난당했 다. 그중에는 예수 탄생을 주제로 전시된 작품들이 포함되어 있었다. 도

점령되지 않는 신앙

베들레헴에 있는 예수탄생교회 입구

시 대부분이 훼손되거나 파괴되었다.

예수탄생교회 포위가 가져온 경제적 영향은 가혹했고 오랜 시간 지속되었다. 특히 주로 팔레스타인 그리스도인들에 의해 운영되던 여행 부문에 타격이 컸다. 관광객들은 웨스트뱅크 여행을 두려워하게 됐고, 세계 각국 정부는 자국민들에게 베들레헴 현지에서 벗어나 있을 것을 권고하였다. 그리하여 호텔, 기념품 가게, 여행 대행사, 식당과 카페에서 일하던 사람들은 그들의 생계를 잃게 되었다. 여행 산업에서 현금 흐름이 감소하게 됨으로써 사실상 베들레헴 지역의 모든 영역이 붕괴되었다. 이로 인해 민간 부문에서 일하던 거의 대부분의 사람들이 생계 수단을 잃었다.

예수탄생교회는 하루 평균 수천 명의 여행자들이 방문했던 곳이었지만 포위 사건 이후 몇 년 동안 이 일대는 유령 도시처럼 변해버렸다. 감사하게도 불행한 현실은 개선되기 시작했지만, 이제 팔레스타인 사람들은 또 다른 싸움을 싸우고 있다. 관광객들이 다시 이 지역을 찾아오기 시작했으나, 여행 산업이 이스라엘에 의해 독점되면서 팔레스타인 공동체는 큰 피해를 입을 수밖에 없었다. 2008년 이스라엘과 팔레스타인을 찾은 방문객 3백만 명 중 약 38%는 순례자로서, 12%는 비즈니스 혹은 컨퍼런스 참석차 방문하였다. 몇몇 경우를 제외하고 이스라엘-팔레스타인을 찾아온 그리스도인 순례자들이 관심을 갖는 장소는 대부분 웨스트뱅크에 위치하고 있다. 그러나, 여행산업을 통해 얻어진 수입의 97%가 이스라엘로 유입되고 있으며 팔레스타인은 단 3%만을 얻고 있는 실정이다.

대안여행그룹(Alternative Tourism Group, ATG)의 라미 카시스(Rami Kassis)는 한탄하며 이렇게 말하였다. "투어 버스들이 베들레헴 거리를 막고 오염시키고 있는데도 이곳 경제에 아무런 기여를 하고 있지 않다. 우리의 가장 큰 도전은 열린 생각을 갖고 있는 여행자들이 스스로 여행하도록 만드는 것이다." 웨스트뱅크를 찾는 대부분의 여행객들은 이스라엘 호텔에 머물며 팔레스타인 사람이나 팔레스타인 음식을 접하지 않는다. 베들레헴에 있는 골동품 상점들은 대개 장사를 하기 위해 여행사에 막대한 뇌물을 지급해야 한다. 최근 정책을 통해 모든 이스라엘 여행 가이드들은 웨스트뱅크에서 일할 수 있게 된 반면에, 여행 가이드로 훈련받은 팔레스타인 기독교인과 무슬림 300-400명 중 오직 42명만이 이스라엘에서 일할 수 있는 허가를 받았다. 게다가, 2010년 10월, 이스라엘 국회인 크네셋(Kneset)에서는 동예루살렘 출신의 아랍계 여행 가이드들이 방문객들에게 이스라엘의 관점을 제공하지 않는다는 이유로 그들의 가이드 자격을 박탈하려는 법안이 제출되기도 하였다.

이러한 장벽으로도 충분하지 않았는지, 이스라엘은 관광객들로부터 수입을 얻을 수 있는 다른 관련 산업들의 숨통도 조여오고 있다. 한 예로, 지난해에는 올리브 수확량이 너무 적어 지역 시장에 공급하기에 충분하지 않았고, 관광객들에게 판매하기는 더욱 불가능하였는데 그 원인은 올리브밭과 나무가 훼손, 몰수되고 팔레스타인 농부들이 자신의 밭을 관리하는 것이 허락되지 않았기 때문이다.

이와 같은 차별 정책의 영향을 약화시키기 위해 여러 창의적인 대응방안들이 개발되었다. 어떤 사람들은 여행자들이 팔레스타인에 올 수 없다면, 팔레스타인이 여행자들을 찾아가야 한다는 생각으로 활동 영역을 인터넷 여행 산업으로 옮겼다. 이들은 간단한 e-커머스 방식을 활용해 더 넓은 시장에서 팔레스타인 기념품과 지역 생산물을 판매하고 있다.

또 어떤 이들은 '팔레스타인 책임 관광을 위한 계획'(Palestinian Initiative for Responsible Tourism, PIRT, www.pirt.ps)'에 참여함으로써 대응하고 있다. PIRT는 홀리랜드 책임 관광을 위해 일하고 또 이러한 접근을 지지하는 조직, 기관, 공공단체들의 네트워크이다. PIRT는 '홀리랜드 여행 안내 수칙'을 만들어 순례자들과 여행객들이 여행 일정 중에 팔레스타인 도시와 마을을 다녀가도록 권장함으로써 지역사회의 모든 사람이 여행 수입을 공평하게 분배받을 수 있도록 노력하고 있다.

베이트 사훌(Beit Sahour)
– 대중적 비폭력 저항의 역사

마틸다 린드그렌(Mathilda Lindgren) & 에이미 켄트(Aimee Kent)*

베이트 사훌은 베들레헴 남동쪽에 있는 고풍스러운 기독교 마을로, 누가복음 2:8-10에 묘사된 주님의 천사가 목자들을 찾아와 예수의 탄생을 알린 장소로 유명하다. 이 마을 사람들은 점령에 반대하는 대중적 비폭력 저항의 풍부한 역사를 가지고 있지만, 이 사실은 많이 알려져 있지 않다. 우리는 이 마을의 군건한 전통을 후원하는 마진 쿰시예(Mazin Qumsiyeh) 교수, 마제드 나사르(Majed Nassar) 박사, 니달 아부줄루프(Nidal Abu-Zuluf) 씨와 인터뷰를 하게 되었다.

베이트 사훌 사람들은 1988-1989년 1차 인티파다 당시 처음으로 비폭력 점령 반대 운동을 조직하였다. 마제드는 "우리가 하루 동안 토마토만 먹기로 결정하면, 이 움직임이 가자에서 예닌(Jenin)으로 퍼져 나가게 되는 것을 알게 되었다"라고 이야기하였다. 그는 흥분한 채 말을 이어갔다. "우리는 점령군을 패배시킬 순 없었지만, 그것을 무의미하게, 그리고 어느 정도는 우스꽝스럽게 만들 수 있다는 것을 깨달았다. 이것은 삶의 한 방식이다."

---

* 2010년 10월 – 2011년 1월 활동

점령되지 않는 신앙

팔레스타인 사람들의 사유지에 불법적으로 지어진 하르 호마(Har Homa)정착촌 전경 - 주로 베이트 사훌에 세워졌다.

베이트 사훌에서의 획기적인 비폭력 움직임이 확산되어가자 이는 이스라엘의 점령에 정말로 큰 도전이 되기 시작하였다. 니달은 이렇게 이야기하였다.

우리는 우쉬 그래브(Ush Grab)의 군사 기지로 대규모 행진을 했다. 우리가 기지에 도착하여 기지의 이스라엘 국기를 팔레스타인 국기로 바꿔 달 때 그곳에는 외국인과 이스라엘 평화 활동가를 포함하여 약 300명의 사람들이 있었다. 그것은 굉장한 움직임이었고 군인들은 전혀 예상하지 못한 일이었다!

점령하에서 자급자족하기 위하여 사람들은 직접 빵을 굽기 시작했고, 우유를 만들고, 옷을 지어 입었으며, 자체적으로 진료소를 운영하였다.

마제드도 그때 병원을 개업했다고 한다. 어느 날엔 사람들이 지자체 청사 앞에 모여 신분증을 일제히 던지기도 하였다. 그 후 1989년 11월에 베이트 사훌의 로마 가톨릭 교회에서 "기도의 날"이 열렸다. 니달은 "우

베이트 사훌 지역 관계자들이 에큐메니칼 동반자들에게 보여준 1차 인티파다 당시 사진

리는 함께 기도하고 행동하기 위해 유대교, 기독교 그리고 이슬람교 지도자들을 초대하였다. 그리고 이 도시 역사상 처음으로 이슬람교 지도자와 유대교 지도자가 교회 내로 들어왔다"라고 이야기하였다. 마제드는 베이트 사훌의 대중적 비폭력 저항운동이 비교적 성공할 수 있게 된 것에 대해 그리스도인 공동체뿐만 아니라 세계 언론에도 감사해야 한다며 이렇게 이야기하였다. "사람들은 아마 '베이트 사훌에서 저 정신 나간 그리스도인들이 뭘 하고 있는 거지?'라고 생각했을 것이다."

1989년, 수천 명의 개인들과 수백 개의 사업체가 '대표 없이 과세 없다'라는 슬로건을 내걸고 이스라엘에 대한 세금 납부를 거부함에 따라 대중적 비폭력 저항

점령되지 않는 신앙

운동은 정점에 달했다. 이스라엘 군대는 베이트 사훌을 폐쇄 군사 지역으로 선포, 24시간 통행금지를 시행하며 41일간 이 도시를 포위함으로써 이에 대응하였다. 마제드는 이때 행해진 통행금지조치가 도시를 약탈하는 데 이용되었다고 전하며 이런 이야기를 들려주었다. "군인들은 모든 사업소, 집, 작업장, 약국들을 말 그대로 전멸시켰다. 모든 것을 빼앗아갔다. 한번은 군인들이 어느 집에 들어가 텔레비전을 훔치고는 그 집을 나오기 전에 그 집 사람들에게 1세켈(shekel)을 가져오면 모두 돌려주겠다고 말했다. 그런데 그 집 어머니는 텔레비전을 훔치고 나가는 군인들을 쫓아가서 '우리 TV를 갖고 가는 사람들아, 리모컨도 갖고 가야지! 필요할 텐데!'라고 말했다고 한다."

우리는 마진에게 왜 대중적 저항운동에 참여하고 이에 대해 글을 쓰게 되었는지 질문하였다. 마진은 평생을 공부하고 팔레스타인과 미국에서 비폭력 저항운동을 실천해온 사람이었다. 그는 팔레스타인 사람들이 그들의 고향 땅을 얼마나 지켜내고 싶어 하는지 설명하며 이야기하였다.

우리는 절대로 직접 경험하지 않은 일에 대해서는 쓰지 말아야 한다. 생물학을 공부할 당시 이런 생각을 바탕으로 내가 직접 경험한 일을 써야겠다고 결심하게 되었다. 미국에서 돌아왔을 때 나는 팔레스타인 문제에서 중요한 인물들이 누구인지 알고 있다고 생각했지만 이곳에서 지내며 나의 인식과 이해가 변화되기 시작하였다. 더 조용한 사람들, 멀리 떨어져 있을 때는 깊은 인상을 주지 않았던 사람들이 정말로 실질적인 사람들이었다. 한 명의 강력한 지도자에게 의존하지 않는 비폭력 운동이야말로 진정 성공적인 풀뿌리 운동임을 깨닫게 되었다.

최근 출판된 그의 저서 '팔레스타인의 대중적 저항운동: 희망과 권한의 역사(Popular Resistance in Palestine: A History of Hope and Empowerment, 2010)'에서 마진은 100년 이상의 역사를 지닌 팔레스타인 대중적 저항운동에 대해 다루었다. 이 책에 의하면, 1차 인티파다는 베이트 사훌과 팔레스타인에서 있었던 수많은 비폭력 저항운동의 한 예에 해당된다. 마진, 마제드, 니달 모두 1차 인티파다 이후 대중적 비폭력 저항운동이 변화했다고 이야기한다. 1차 인티파다 당시의 많은 정치 운동가들이 비영리단체로 활동 거처를 옮겼고, 현재 베이트 사훌에는 점령에 대항하여 비폭력적으로 일하고 있는 민간 사회단체들이 넘쳐난다.

　　최근, 베이트 사훌 사람들이 새롭게 직면한 문제는 공간의 위기이다. 하르 호마와 우쉬 그래브 군사 기지였던 곳이 재합병되고 정착촌이 끊임없이 확장 건설되고 있다. 이 정착촌은 모두 불법적으로 합병된 베이트 사훌 사람들의 사유지를 큰 폭으로 차지하고 있다. 정착촌 확장에 저항하기 위해 니달과 몇몇 가구들은 정착촌으로부터 불과 150m 떨어진 곳에 집을 지어 살고 있다.

　　이스라엘 군대는 2006년 우쉬 그래브 군사 기지에서 철수하였다. 그런데 2008년 '우먼 인 그린'(Women in Green)이라는 이스라엘 정착민들이 갑자기 이 땅이 성경적으로 의미가 있다며 이곳에 정착촌을 건설해야 한다고 주장하였다. 베이트 사훌 사람들은 우쉬 그래브를 지키기 위해 즉시 위원회를 조직하였다. 위원회는 '우먼 인 그린'을 상대로 미국 법정에 소송을 제기하였다. '우먼 인 그린'은 미국으로부터 받은 세금 공제 기부금을 정착촌 확장에 사용해 왔는데 이는 미국 법에 위배되기 때문이었다. 베이트 사훌 사람들은 정기적으로 우쉬 그래브에 찾아가 올리

　　　　　　　　　　　　　　　　　　　점령되지 않는 신앙

브 나무를 심기 시작하였고 공원을 건설하기도 하였다. 니달은 이렇게 말했다. "그때 결국 저격수 타워가 그곳에 세워졌고, 이스라엘은 이것이 타협이라고 이야기했다. 저격수 타워를 세운다는 것은 우리가 그곳에 건물을 짓는 일을 막겠다는 뜻이었고, 베이트 사훌 사람들이 차지할 수 있는 공간은 오직 그 아래의 땅뿐이라는 것을 의미했다. 우쉬 그래브의 저격수 타워에는 단 두 명의 군인이 있었지만 그 둘은 누군가의 꿈을 끝장낼 수 있었다. 우리가 그곳에 짓고자 했던 영유아 병원과 같은 곳이 그렇다. 이 모든 것이 우리가 희망을 잃고 이 나라를 떠나는 것만이 유일한 선택이라고 느끼도록 만들려는 이스라엘의 시도였다."

그 누구도 미래를 예측할 수는 없지만 마진은 다년간의 학문적 연구를 바탕으로 조심스럽게 "역사는 위대한 스승이다"라고 이야기하였다. 그리고 마제드는 "모든 사람들이 과거에 무슨 일이 일어났으며 우리가 얼마나 창조적으로 대응했는지 알고 있는 것은 아니다. 우리는 새로운 세대가 품은 열망을 존중하며 사람들에게 우리의 역사를 교육할 필요가 있다"라고 이야기하였다. 베이트 사훌의 많은 비영리단체들은 젊은 세대에게 역사와 정치, 정체성을 알리며 이 역할을 감당하고 있다. 니달은 "우리는 사람들이 인간 존엄과 인권의 길을 알 수 있도록 부단히 노력하고 있다"라고 말하였다.

모든 팔레스타인 사람들을 조국에서 떠나게 하려는 식민지화 정책이 62년 이상 이어지고 있는 가운데 마진은 이렇게 결론지었다. "팔레스타인 사람들은 오늘날 이곳 팔레스타인 땅에서 태어나고 계속 살아감으로써 억압에 비폭력적으로 저항하고 있다."

베이트 잘라(Beit Jala) - 남아있을 권리

필 루카스(Phil Lucas)*

웨스트뱅크의 팔레스타인 그리스도인 중 많은 이들이 베들레헴 구역에 살고 있다. 우리가 '구역'이라고 부르는 이유는 3개의 그리스도인 마을인 베들레헴과 베이트 잘라, 그리고 베이트 사훌이 하나의 도시화된 그리고 고립된 반투스탄(Bantustan, 남아프리카공화국의 흑인 거주지역을 일컫는 말)을 이루고 있기 때문이다. 이곳은 베들레헴 정부가 팔레스타인 사람들이 살 수 있게 지정한 땅의 13%에 불과하다. 베들레헴의 나머지 땅은 이스라엘이 '대 예루살렘(greater Jerusalem)'(서베들레헴)이라 부르는 곳으로 불법적으로 합병되었다. 이곳에는 유대인만을 위한 정착촌 건설이 착수되었고 팔레스타인 사람들의 영역 확장과 발전을 저해하고 있다. 그리하여 이 땅의 정치적 현실은 모든 팔레스타인 사람들의 삶을 더욱 어렵게 만들고 특히 이 구역 팔레스타인 그리스도인들이 더 나은 삶을 찾아 타국으로 급속히 떠나게 하고 있다.

교회들은 그리스도인들이 이곳에 계속 남아서 살 수 있도록 더 많은 기회를 창출해 가며 막대한 투자를 해왔다. 베들레헴 대학교와 최고 수

---

* 2010년 1월 - 4월 활동

점령되지 않는 신앙

준의 학교들은 모두 기독교적 기반으로 운영되고 있다. 그러나 교육기관을 설립하는 것만으로는 그리스도인들의 이민을 막을 수 없다. 사실, 이러한 기관들은 오히려 팔레스타인 그리스도인의 이민을 간접적으로 돕는 역할을 하고 있다. 좋은 교육은 외국 대학에서 공부할 수 있는 기회와 외국 시장에서 유용하게 사용할 수 있는 기술을 제공하기 때문이다. 억압받는 사람들이 자유를 맛보게 되면 점령 아래에서 겪는 일상적인 고통과 치욕을 벗어나 자신과 가족에게 더 나은 삶을 찾아 떠나고 싶다는 생각을 하게 된다.

베들레헴 뿌리회(Bethlehem Roots Society)는 점차 감소하고 있는 베들레헴 내 그리스도인 공동체들을 지원하는 일에 헌신하고 있는 지역 비영리단체다. 그들은 가난한 그리스도인 가정의 자녀들을 위해 방과 후 클럽과 여름캠프를 운영하고 있으며, 교육을 받지 못한 그리스도인들이 일자리를 구할 수 있도록 여러 기술과 경험을 제공하기 위해 노력하고 있다. 베들레헴 뿌리회의 도움으로 우리는 베들레헴 북동쪽의 그리스도인 마을인 베이트 잘라의 언덕 꼭대기에서 어렵게 살아가는 그리스도인 가정을 만날 수 있었다.

사미르(Samir)와 조제트(Georgette)는 베이트 잘라의 맨 꼭대기에 살고 있었고 그곳에서는 그들이 10년 이상 가볼 수 없었던 예루살렘의 멋진 전경이 한눈에 들어왔다. 사미르는 쓰레기 차를 운전하는 일을 하고 있었고, 조제트는 전업주부로 이 둘은 와디아(Wadia, 17), 나시프(Naseef, 15), 그리고 쌍둥이인 나탈리(Natalie, 9)와 엘리아스(Elias, 9)를 열심히 키우고 있었다. 사미르는 한때 예루살렘에서 재단사로 일했고 생활은 꽤 괜찮은 편이었다. 그러나 지난 2000년, 이스라엘은 팔레스타인 사람들

사미르, 조제트와 4명의 자녀들 – 와디아(위에서 왼쪽), 나시프(위 오른쪽),
엘리아스(가장 왼쪽), 나탈리(가장 오른쪽)

이 허가 없이 예루살렘에 들어가는 것을 금지했고, 사미르도 더 이상 예
루살렘에 가지 못하게 되면서 직업을 잃었다. 베들레헴에서도 재단사로
일하기 위해 노력했으나 가난한 이곳의 사람들은 저렴한 중국산 옷을
선호했고, 결국 가게는 문을 닫을 수밖에 없었다.

　이들은 베이트 잘라의 경계 즈음에 유산으로 물려받은 땅을 소유하고
있었다. 그러나 그 땅은 분리 장벽에 근접하고 있어서 건물을 세우거나
농사를 짓거나 그 어떤 일도 허락되지 않았다. 지금 그들이 살고 있는 집
은 대여한 집으로 그들의 일곱 번째 집이다. 경제적 상황 때문에 더 알맞
은 집을 찾아 여러 번 이사를 해야 했고, 항상 그들의 고향 땅 내에서 이
사를 했다고 한다. 지금 살고 있는 아파트에는 침실과 주방과 거실이 하

　　　　　　　　　　　　　　　　　　　점령되지 않는 신앙

나씩 있고, 거실은 아이들이 자는 방을 겸했다.

그들의 친척들 대부분은 외국으로 이주하였고 그들이 비자를 발급받을 수 있도록 도울 수 있다고 했다. 그러나 타지에서 새로 자리를 잡고 살기에는 기술도, 돈도 턱없이 부족해서 실제로 이민을 떠날 가망은 없다고 한다. 대신 그들은 희망을 품고 자녀 교육에 투자하고 있다. 사미르는 그리스도인으로서 정체성을 잃는 것이 걱정돼 아이들이 공립학교에 다니는 것을 원하지 않았다. 그래서 그는 4명 자녀 모두를 비용이 더 많이 드는 사립학교인 탈리타 쿠미(Talitha Kumi)라는 독일인이 세운 루터교 학교에 보내고 있다. 첫째 딸인 와디아는 반에서 1등을 할 정도로 공부를 잘해서 장학금을 받아 독일에서 대학을 다니는 것을 목표로 하고 있다. 그는 다른 3명의 아이들도 와디아처럼 장학금을 받아 외국에서 공부하기를 원하고 있다. 그들은 자녀들이 외국에서 더 나은 삶을 살 수 있다는 것을 알고 있다. 이로 인해 엄청난 희생이 따르지만, 그들은 아이들의 미래를 위해 기꺼이 희생을 감수하려 한다.

불행히도, 이 이야기는 웨스트뱅크에 살고 있는 많은 그리스도인들의 이야기 중 하나에 불과하다. 그들은 점령하에서 살아가기가 불가능하다고 생각하고, 가지고 있는 모든 자원을 이민을 떠나기 위해 사용하고 있다. 와디아는 능숙한 영어로 자신의 마음은 팔레스타인에 있으며 외국으로 떠나 공부하게 되더라도 다시 팔레스타인으로 돌아올 것이라고 우리에게 약속하였다. 그리고 많은 교회 교인들이 더 나은 삶을 찾아 이 나라를 떠나고 있다고 언급하며 그녀가 다니는 교회가 또 하나의 '박물관'이 되는 것을 원하지 않는다고 말하였다.

나할린(Nahhalin) - 존재하기 위해 저항하다

니콜라이 헤거튼(Nikolai Hegertun)*

토지 몰수, 주택 철거와 추방 등 조직적인 강제 이주가 자행되던 때, 팔레스타인 사람들은 자신의 땅을 떠나는 대신 그대로 머무름으로써 저항하였다. 그런데 이스라엘이 민정/군정 통치를 모두 담당하는 웨스트 뱅크의 C 구역에 살던 사람들에게는 겉보기에는 단순한 듯 보이는 이 저항의 방식이 생존을 위한 절박한 투쟁으로 변모하였다.

수무드(Sumud, 한결같은 인내)라는 개념은 팔레스타인 사람들의 역사와 문화에서 가장 중요한 지점으로 형성되었다. 이것은 팔레스타인 사람들에게서 흔하게 볼 수 있는 두 가지 특징을 말한다. 첫째로, 고향 땅에서 그들의 깊은 뿌리를 보존하려는 것이고 둘째로, 그들이 직면한 모든 역경과 차별, 추방당함, 국제적 무관심에도 불구하고 미래를 향한 소망을 품고 고집스럽게 매일의 삶을 살아내는 것이다.

땅의 문제는 의심할 여지 없이 중동 갈등의 핵심이다. 수십 년 동안 시오니스트들이 이곳으로 이동해오고 있는 주된 목적은 팔레스타인 주민들을 쫓아내고 이 땅에 자리 잡으려는 것이다. 사실상 팔레스타인 땅의

---

* 2011년 1월 - 4월 활동

점령되지 않는 신앙

합병은 1948년에 시작된 이래, 모든 이스라엘 수상들에 의해 지원되고 강화되어 왔다. 오늘날까지 땅의 합병이 계속되자 이는 최근 미국이 나섰던 평화 협상 결렬의 주요한 원인이 되었다.

나사르 가족은 베들레헴 남서쪽에 위치한 마을인 나할린에 남아있는 마지막 그리스도인 가정이다. 나사르 집안은 이스라엘이 만든 불법 정착촌 구쉬 에치온(Gush Ezzion)의 중앙에 매우 넓은 면적의 땅을 소유하고 있다. 이곳은 이스라엘이 오직 유대인들만 거주할 수 있는 대 예루살렘을 건설하기 위해 사용하고자 하는 땅이고 이를 위해 예루살렘의 인구 구성을 이스라엘에 유리하게 바꾸려 하고 있다. 나사르 집안은 20세기 초반부터 이 땅을 소유해왔고, 오스만 제국 땅문서를 갖고 있는 몇 안 되는 팔레스타인 가정 중 하나이다. 대부분의 팔레스타인 토지 소유주들은 영국이나 요르단 당국으로부터 받은 증서를 갖고 있는데, 이는 이스라엘에 효력이 통하지 않는다. 이스라엘은 오스만 제국 문서에 기초하여 확인할 수 있는 땅만을 팔레스타인인 소유로 인정하고 있다.

이스라엘은 종종 한 구획의 땅을 '국가의 땅'으로 공표하고 그곳에 살던 팔레스타인 사람들에게 땅의 소유권을 증명할 것을 강요하곤 한다. 다우드 나사르(Daoud nassar)는 우리에게 이렇게 이야기하였다. "우리 땅에 대한 소송에서, 이스라엘 판사들은 굉장히 당황했었다. 우리는 이례적으로 강력한 사례이기 때문이다." 이것은 이스라엘이 정착촌 확장을 위해 나사르 집안의 땅을 사용할 수 없음을 의미했다. 이 사례에서는 이스라엘인 정착촌에 유리한 판결을 내리기 좋아하는 이스라엘 사법 제도도 한계에 이른 듯 보였다.

상황이 교착 상태에 머물면서, 나사르 가족은 자신들을 이 땅에서 몰아내기 위한 이스라엘 점령군의 끈질긴 수단과 방법들을 겪어야 했다. 다헤르 나사르(Daher Nassar)는 이렇게 설명하였다. "먼저 그들은 법정을 이용하려 했고 그리고서 군대를 이용했다. 정착민들은 우리 땅을 사려고 하였고, 그러고는 겁을 주기 시작했다. 결국 우리는 철거 명령을 받았다. 우리가 무엇을 더 할 수 있겠는가?"

이스라엘 사법 제도하에서 이들이 제기한 소송은 20년이 넘도록 별 진전 없이 머물러 있다. 소유권을 증명한 후에, 그들은 그들의 땅에 대해 상세히 기록해야 했고 상공 사진을 찍기 위해 두 번이나 비행기를 빌려야 했다. 다헤르는 이런 일은 팔레스타인 농부가 감당하기에는 상당히 값비싼 일이라고 이야기했다. 당시 30명의 증인을 대동해야 했기 때문에 그들은 마을에서 40명의 증인을 모아 버스를 대절하여 법정으로 함께 갔다. 그들이 법정에 도착했을 때 다헤르는 소송이 연기되었다는 소식을 들었다. 그는 소송 날짜를 새로 받아 증인들을 다시 데려갔고, 이번에는 법정에서 3시간 대기하게 하고는 2명의 증인으로 충분하다며 2명만 불렀다고 한다. 그리고 소송은 다시 연기되었다. 이스라엘 법정은 다헤르의 경우와 같이 팔레스타인인에게 유리한 판결을 내리고 싶지 않을 때, 다른 팔레스타인 사람들에게 이용될 선례를 남기지 않기 위해 소송을 계속 연기하는 방법을 사용하곤 한다.

그러나, 재판 과정은 이스라엘 당국이 사용하는 첫 번째 전략일 뿐이라고 다우드는 설명하였다.

법적인 방법은 효과가 없었고 우리는 앞으로도 계속 효과가 없길 바라고 있다. 우리가 걱정하는 가장 큰 문제는 그들이 시행하는 마지막 전략이다. 이것은 우리로 하여금 존재하기 어렵게 만들려는 것이고 이러한 시도는 매우 복합적으로 이루어진다. 물과 전기를 끊고 어떤 서비스도 제공하지 않으며, 건축 허가 대신 철거 명령을 내린다. 우리는 지금 완벽히 고립된 섬에 있는 것과 같다. 그들은 이런 방식을 통해서 우리 스스로가 지쳐서 떨어져 나가게끔 하려는 것이다. 이것이 우리가 가능한 한 자급해야만 하는 이유이다.

그리하여, 나사르 가족에게 있어서 수무드는 단지 생각에 그치는 것이 아닌, 그들의 삶 자체이다. 다헤르와 다우드는 그들을 쫓아내기 위한 교활하고 끝이 없는 시도로 인해 매번 좌절하지만, 그들은 계속 희망을 갖고 살아간다. 다우드는 이렇게 이야기하였다.

소망 없는 수무드는 헛된 것이다. 소망과 믿음과 사랑이 우리를 살아가게 한다. 하나님에 대한 믿음 없이 스스로의 힘으로 비폭력 저항 행동을 하는 것은 오래가지 못한다. 사랑은 우리가 다르게 행동하도록 만든다. 나는 단지 여기에 가만히 앉아있는 것이 아니다. 우리가 비폭력 저항 방식으로 행동할 때에는 그렇게 할 책임을 갖고 하는 것이다. 이스라엘은 힘을 갖고 있을지 모르지만, 우리는 우리의 행동에 대한 책임이 있다. 이는 대응 반발이 아니다. 오히려 이스라엘이 응답해야 한다. 우리가 다르게 행동할 때 그것은 다른 사람을 혼란스럽게 만든다. 예를 들어, 보통 군인들은 우리를 밀어붙일 때 우리가 어떻게 반응할지 알고 있다. 그들이 나에게 '나는 당신의 적이다'라고 말한다면, 그 말에 대해 거절하면 된다. 우리는 악을 악으로 싸울 수 없다. 미워하기를 그만둘 때, 우리는 책임 안에 거하고 새로운 전제를 만들게 된다. 이것이 그리스도인의 행동 방식이며 예수님의 방식이다. 우리는 다른 사람들에게 다르게 생각해 볼 기회를 주어야 한다.

그리고 그는 자신의 삶에서 겪은 하나의 사례를 이야기해주었다.

어느 날 저녁, 나는 가족들을 태우고 농장을 나오고 있었다. 갑자기, 덤불 속에 숨어있던 8명의 군인들이 우리 차 앞으로 뛰어들었고 나는 차를 멈추고 두 손을 머리 위로 들었다. 그들은 나에게 고함을 치고 있었다! 나는 그들에게 나는 여기에 살고 있고 베들레헴에 가려고 했다고 말했지만, 그들은 내 신분증을 빼앗고는 내 차를 살펴봐야겠다고 이야기했다. 나는 아이들이 지금 자고 있고 많이 겁을 먹을 것이라고 말했다. 그럼에도 그들이 계속 요구하자, 나는 아이들을 깨워 설명해주었다. 군인들이 알아들을 수 있도록 영어로 이렇게 이야기했다. "얘들아, 지금 이스라엘 군인들을 보게 될 텐데, 보기엔 무서울 수 있지만 실제로는 정말 친절한 사람들이야." 그러자, 군인들은 우리 차를 조심스럽게 살펴봤고 그 뒤 한 장교가 나에게 다가와 놀라게 해서 미안하다고 전해 달라고 이야기했다.

나는 단순히 누군가를 나의 적으로 만드는 것을 거절한다. 물론 이러한 방식이 언제나 통하는 것은 아니지만 우리가 다르게 행동한다면 그들의 군사적인 생각을 인간적인 생각으로 바꿀 수도 있다. 그들이 눈을 뜨게 만들 수 있다.

점령되지 않는 신앙

다우드는 힘겹게 얻은 경험을 말하며 이렇게 결론을 지었다. "수무드는 말하기는 쉽지만 살아가기는 매우 어렵다. 그러나 우리는 매일 그것을 행하며 배워가고 있다."

토지 몰수, 정착촌 및 주택 철거와 관련된 국제법

토지 몰수
유엔 결의 242호(1967년 11월 22일)는 이스라엘이 1967년 전쟁 동안 주장한 땅(동예루살렘, 가자지구, 골란 고지와 시나이 반도)에서 군사력을 철수할 것을 요구하고 무력에 의한 토지 획득을 인정할 수 없음을 밝혔다.
점령국은 사유 재산을 몰수할 수 없다(헤이그 조약 46조).
군사적 필요에 의해 정당화될 수 없고 불법적으로 자행된 사유 재산에 대한 대규모 파괴와 전용은 전쟁 범죄에 해당한다(제네바 제4협약 147조)

정착촌
점령국은 점령한 땅에서 그곳에 살던 주민을 추방하거나 이주시킬 수 없다(제네바 제4협약 49조). 이것은 정착촌 건설이 불법이며 점령국은 자국민을 위한 정착촌 건설을 위한 목적만으로 점령지의 땅을 몰수할 수 없음을 뜻한다.

주택 철거
점령국은 군대운영을 위해 반드시 필요한 이유를 제외하고는 어떤 사유 재산도 파괴해서는 안 된다(제네바 제4협약 4장 53조). 주민의 생존에 필수적인 목적물(저수조, 하수도 등)은 공격, 파괴, 제거 또는 무용하게 만들어서는 안 된다.

카이로스 팔레스타인 – 진실을 말할 때

테리 크라우포드 브라운(Terry Crawford Brown)*

1985년 9월 발표된 카이로스 남아프리카 선언은 남아공을 비롯한 전 세계의 그리스도인들에게 인종차별 국가의 이단적 이데올로기 속에서 그들의 종교적 책임은 무엇인지 고민하게 만들었다. 남아공 인종차별 정부는 이때로부터 1년 전, 남아공 정치 참여 인구의 74%에 해당하는 사람들을 배제하기 위해 '삼원제 헌법'을 도입하였다.

흑인들의 정치적 권리는 '백인들의 남아공'에서가 아니라 그들의 자치 구역인, 소위 반투스탄에서 행사되면 된다는 이유에서였다. 시오니스트들이 '약속의 땅'이라는 말로 신의 개입을 주장하는 것과 비슷하게, 이 헌법의 서문에는 "여러 곳에 흩어져 살던 우리 선조들을 이곳에 모이게 하시고 이 땅을 그들 소유의 땅으로 허락하신 전능하신 하나님께 겸손히 순종하며…"라고 쓰여있다.

이로 인해 시민들의 불만과 불복종이 남아공 전역에서 터져 나왔다. 1985년 7월, 국가 위기 상태가 선포되었고, 8월에는 외채상환 불이행으로 인해 심각한 경제위기가 이어졌다. 1980년대 남아공의 상황은 오늘

* 2010년 10월 – 2011년 1월 활동

카이로스 팔레스타인이 선언한 '진실을 말할 때(Moment of Truth)'의 저자들: 뒷줄(왼쪽-오른쪽): 미트리 라헵 (Mitri Raheb) 목사, 아드난 무살람(Adnan Musallam), 니달 아부줄루프(Nidal Abu Zuluf), 자말 카데르(Jamal Khader) 신부, 유세프 다헤르(Yusef Daher), 리파트 카시스(Rifat Kassis), 루시 탈지예(Taljieh). 앞줄(왼쪽-오른쪽): 노라 코트(Nora Kort), 그리스정교회 아탈라 한나(Atallah Hanna) 주교, 전 라틴 대주교 미셸 사바(Michel Sabbah), 사이더 데베스(Cider Deibes)

날의 이스라엘 상황과 확연히 닮아 있었다.

카이로스 남아공 선언은 교회와 국가의 관계를 매우 무겁게 다루었다. 선언문은 그리스도인들에게 정부를 위해 기도하는 것을 중단하고 정부 철폐를 위해 기도할 것을 요구했다. 그리고 인종차별 정부는 도덕적, 신학적으로 비합법적인 독재 정권이라고 선언하였다. 그리하여 그리스도인들은 그들의 종교적 책임을 진심으로 다해야 하며 하나님께 복종하기 위해 국가에 불복할 것을 요구하였다.

당시 내전 발생 가능성이 감지되었고, 이 전쟁으로 수백만이 사망하고 사회기반시설이 파괴되어 남아공은 경제적 회복이 불가능할 것이라고 전망되었다. 남아공 인종차별 정부는 핵무기를 보유하고 있었기 때문에 군사적 충돌은 곧 자폭을 의미했다. 1950년대 초반부터 1980년대 후반까지 이스라엘과 남아공 사이에 핵무기 기술 개발을 위한 긴밀한 협력이 있었다는 사실에 대한 관련 증거가 많이 있다.

엄격한 검열에도 불구하고 이 사건의 전개과정이 언론을 통해 보도되면서 국제 사회는 충격에 휩싸였다. 세계시민사회는 특히, 교회와 노동조합들, 대학, 심지어 유명 영화배우들까지 나서서 미국과 유럽 정부를 압박했다. 몇몇 예외도 있지만, 이들 정부는 대부분 남아공이 무신론 공산주의자들의 공격을 받고 있다고 주장하며 인종차별 정권을 공공연히 혹은 은밀하게 지원하고 있었다.

특히, 교회가 카이로스 선언에 대한 후속조치로 남아공의 국제 은행 업무에 제재를 가하게 만들면서 균형은 기울어졌다. 4년 뒤인 1989년 9월 케이프타운에서 35,000명의 사람들이 '평화를 위한 행진'을 했을 때 인종차별 정부의 패배는 명백해졌다. 데스몬드 투투(Desmond Tutu) 대주교는 당시를 이렇게 회상하였다. "우리가 케이프 타운에서 행진을 한 지 두 달 후에 베를린 장벽이 무너졌다."

1990년 2월, 넬슨 만델라(Nelson Mandela)가 석방되었다. 오래도록 지속될 거라 예상됐던 인종 대학살은 멈추었고, 1994년 남아공 사람들은 민주주의로의 비교적 평화적인 전환을 하기로 협상하였다. 이스라엘과 팔레스타인 사람들은 모두 남아공의 경험을 동일하게 따르게 되기를 기대하고 있다. 그리하여 2009년 12월 카이로스 팔레스타인 문서는 이렇게 선언하고 있다.

점령되지 않는 신앙

우리 팔레스타인 그리스도인들은 이스라엘이 우리의 땅을 점령한 것
은 하나님과 인류에 대한 죄임을 선언한다. 점령을 정당화하는 어떤
신학도 기독교의 가르침과는 거리가 먼 것이다. 왜냐하면 진정한 기독
교 신학은 억눌린 자에 대한 사랑과 연대의 신학이고, 평화와 평등의
외침이기 때문이다.

국제사회를 향한 우리의 호소는 "이중적인 기준"의 원리를 포기하고
모든 정파를 존중하며 팔레스타인 문제에 관한 국제적인 해결책을 모색
해 달라는 것이다. 우리는… 이스라엘에 대한 경제 제재와 보이콧을 시
행할 것을 요청한다. 이것은 보복이 아니라 팔레스타인과 다른 아랍 영
토에 대한 이스라엘의 점령을 종식시키고 모든 이들을 위한 안전과 평
화를 확보함으로써 정의롭고 확실한 평화를 이루기 위한 진지한 행동임
을 반복해서 주장한다.

그리고 선언은 이렇게 마무리된다.

모든 희망이 사라졌기 때문에, 우리들은 절규하듯이 희망을 소리쳐 부
른다. 우리들은 선하시고 의로우신 하나님을 믿는다. 우리들은 하나님의
선하심이 끝내는 우리의 국토에 가득한 죽음과 증오의 악을 물리치실 것
이라고 믿는다. 우리들은 이곳에서 서로를 자매와 형제로 사랑하도록 성
령 안에서 일으켜 세우는 '새 땅'과 '새로운 인간'을 보게 될 것이다.

카이로스 팔레스타인 선언은 전 세계의 지지를 얻었다. 2008년 12
월 – 2009년 1월까지 계속된 이스라엘 정부의 가자에 대한 '캐스트 리

드(Cast Lead) 작전, 그 후 골드스톤 위원회(Goldstone Commission) 보고서, 이에 더하여 가자 구호선에 대한 부적절한 대응 등이 큰 문제가 되면서 시오니스트 국가의 권위는 실추되어왔다.

이 선언은 또한 팔레스타인 사람들의 권리를 유린하는 것에 대해 성서적 신학적 정당성을 부여하는 일부 신학자들에게 도전하고 있다. 선언에 의하면, 서구는 유대인들이 유럽의 여러 나라에 의해 입은 피해를 보상하고자 했지만, 이런 식으로 불의를 교정하려 하는 것은 또 다른 불의를 낳을 뿐이다. 이스라엘이 생산한 모든 것에 대해 보이코트, 투자 중단, 제재하자는 캠페인이 문서를 통해 지지되었고, 이 캠페인은 점점 탄력을 얻으며 정부가 아닌 시민사회의 주도로 추진되고 있다.

이러한 상황에서 팔레스타인 문제를 다루기 위해 러셀 재판소(Russell Tribunal)가 2010년 3월 바르셀로나에서 모였고, 유럽연합과 가입국가들이 이스라엘 전쟁범죄에 공모하였는지를 논하였다. 재판소는 2010년 11월 런던에서 다시 모였고 이스라엘 전쟁 범죄로 이윤을 얻은 국제 기업의 공모 여부를 논하였다. 그리고 2011년 10월 케이프 타운에서 세 번째 모임을 갖고 이스라엘의 인종차별 범죄를 인류에 대한 범죄로서 논의할 예정이다.

보이코트, 투자 중단, 제재 캠페인 (Boycott, Divestment & Sanction, BDS)

BDS는 전 세계의 양심적인 사람들이 정의를 위한 팔레스타인의 투쟁에서 실질적인 역할을 할 수 있도록 하는 전략이다.

국제사법재판소가 이스라엘이 건설 중인 분리 장벽이 국제법에 어긋

에큐메니칼 동반자들이 분리 장벽에 쓰인 그래피티를 읽고 있다.

난다는 역사적인 권고 의견을 낸 지 1년 후인 2005년 7월 9일, 팔레스타인 시민사회의 절대다수는 그들의 조력자들과 전 세계의 양심적인 사람들에게 팔레스타인 사람들의 권리가 국제법에 명시된 바에 완전히 부합하게 인정될 때까지 이스라엘에 대한 보이콧과 투자 중단, 그리고 제재를 가해줄 것을 이렇게 호소하였다.

> 1967년 6월부터 시작된 아랍 영토에 대한 이스라엘의 점령과 식민지화를 끝내고 장벽을 해체하라. 이스라엘의 아랍-팔레스타인 시민들의 기본권을 완전히 평등하게 보장하라. 팔레스타인 난민들이 유엔 결의 194호에 따라 집으로 돌아오고 재산을 되찾을 수 있도록 그들의 권리를 존중하고 보호하고 증진하라.

또한 2005년, WCC 중앙위원회는 성명서를 발표하였다.

> "회원교회들이 팔레스타인-이스라엘 평화를 위해 새로운 방식으로 일해주기를, 또한 공정하고 투명하며 비폭력적인 경제적 수단을 활용하는 것을 진지하게 고려해주기를 바란다."

이 성명서는 또한 "투자기금이 있는 교회에게는 기금을 이스라엘 팔레스타인 갈등의 평화적 해결을 위해 책임 있게 사용할 기회가 될 것이고, 적절하고 공개적인 경제적 압력은 그러한 행동 수단 중 하나이다"라고 명시하였다.

점령되지 않는 신앙

아준(Azzun)
– 정다운 공동체에 사는 소수의 사람들

인거 칼슨(Inger Carsen)*

아파프(Afaf)와 그녀의 남동생 아부 유세프(Abu Yusef)는 아준에서 태어나고 자랐다. 아준은 웨스트뱅크 북쪽의 작은 마을로 그들은 지금도 그곳에 살고 있다. 이 마을에는 10,000명의 주민들이 살고 있는데 두 사람은 마을에 남겨진 유일한 그리스도인들이다.

아파프는 18살 때 카이로에서 유학을 했고, 고향으로 돌아와 학교 선생이 되었으며, 26세 때부터 최근 은퇴할 때까지 여학교에서 교장으로 재직하였다. 아파프는 독실한 그리스도인이지만, 자신의 신앙 때문에 늘 씨름해야 했다. 전 세계에 있는 많은 그리스도인 친구들이 자신의 종교를 잘못 이해하고 팔레스타인 그리스도인들의 삶을 어렵게 만드는 이스라엘의 점령을 지지하고 있기 때문이다.

아부 유세프는 아버지의 유업을 이어 농부로 일하였다. 그런데 최근 몇 년 동안, 이스라엘 정부가 그의 가족이 소유한 57두남(57,000㎡)의 땅을 몰수하면서 어려움을 겪고 있으며, 겨우겨우 살아가고 있다. 아부 유

---

* 2010년 4월 – 7월 활동

세프는 교회 다니는 것을 좋아한다. 몇 년 전에는 매 주일 사제가 아준의 기독교 가정을 방문해 그 가정을 위한 예배를 드리기도 하였다. 그러나 그리스도인의 수가 줄어 자신과 자신의 누나만 남게 되면서, 이제 아부 유세프는 매주 택시를 타고 나블루스(Nablus)까지 가서 성찬을 받아야 한다.

아부 유세프는 "우리가 자랄 땐 아준에 50명의 그리스도인들이 살았다"라고 기억했다. 현재 그의 형제자매 중 4명은 요르단에, 1명은 미국에 살고 있는데 이들은 모두 고향에 돌아올 수 없다고 한다. 1967년 이스라엘이 웨스트뱅크를 점령하고 인구조사를 실시하면서 당시 남아있던 사람들에게만 신분증을 발급하고 6일 전쟁 동안 피난을 떠난 사람들의 거주 권리를 박탈해 버렸기 때문이다. 그는 당시 떠났던 사람들은 전쟁이 끝날 때까지만 잠시 떠나 있을 계획을 했던 것이었는데 전쟁이 끝나자 더 이상 팔레스타인 사람으로 살 수 없게 되고, 집으로 돌아올 권리가 부정된 것이라며 안타까워했다.

그는 웨스트뱅크의 팔레스타인 인구 숫자를 줄이려는 이스라엘의 지속적인 방침만 아니었다면, 아준의 그리스도인 인구는 크게 증가하여 수백 명에 달했을 것이라고 말한다. 그는 미국에 사는 형제와 그 가족들을 떠올리며 이렇게 덧붙였다. "그들이 여기에 살았다면 어땠을까."

유세프는 이야기했다. "1948년 이전 라피디야(Rafidiya)의 주민 모두가 그리스도인이었는데 지금은 절반도 되지 않는다." 웨스트뱅크 북쪽의 나블루스 시와 그 이웃 동네인 라피디야는 지난 몇 년간 하나의 도시로 합쳐졌고 전체 인구 60,000명 중 그리스도인의 숫자는 600명이다.

나는 그렇게 많은 수의 그리스도인들이 팔레스타인을 떠난 이유가 무엇인지 물었다. 아파프는 "많은 이유가 있다. 불안하고, 자유가 없고, 생계수단을 잃어버리는 등 점령이 만들어내는 모든 문제들 때문이다. 우리는 자유를 가지고 평화롭게 살고 싶고, 젊은 세대는 꿈을 갖고 살기를 원한다. 점령을 견뎌내고 있는 우리의 무슬림 형제자매들만큼 우리가 잘 참아낼 수 있을 것 같지 않다"라고 대답하였다. 그리고 그녀는 그리스도인과 무슬림 모두 팔레스타인을 떠나지 않았으면 좋겠다고 말했다. "팔레스타인 사람들이 팔레스타인에 남아있는 게 중요하다. 우리가 직간접적인 압력을 받아 떠나게 되면 결국 점령국은 자신들이 원하는 대로 우리의 땅을 차지하게 되고 우리는 그 이상을 잃게 된다. 우리의 정체성, 유산, 그리고 바로 존재 자체를 잃어버리게 되는 것이다."

그녀는 카이로스 선언에 관해 이렇게 언급했다. "정말 좋은 선언이다. 진실을 말하고 있다. 용서는 기독교의 중요한 메시지이다." 그녀는 말로는 충분하지 않다며 이 문서가 국제사회의 행동을 불러일으키기를, 특히 전 세계에 있는 그녀의 그리스도인 친구들이 행동해주기를 바라고 있다. 그리고 서방 국가의 사람들, 특히 그리스도인들이 팔레스타인의 상황을 더 잘 이해하고 자신들의 국가가 어떤 형태로든 이 점령과 관련하여 공모하거나 혹은 무관심하려 할 경우 이에 반대해 주기를 소망하고 있다. 그녀는 말했다. "역사적으로 팔레스타인 그리스도인들은 이해 부족과 서방 그리스도인들의 이스라엘 점령 지원 때문에 낙심해왔다. 이스라엘 점령은 홀리랜드에서 그리스도인들을 깨끗이 치워버리려는 것이다."

나는 무슬림 공동체에서 소수의 그리스도인 공동체로 살아가는 것은 어떠냐고 물었고, 그녀는 대답하였다. "아무 문제가 없다. 우리는 하나이다. 한 국민이고 하나의 유산과 하나의 역사, 하나의 문화를 가졌으며 그리고 하나의 싸움을 싸우고 있다. 우리는 여기에서 존중받을 뿐만 아니라 사랑받고 있음을 느낀다. 팔레스타인에서 그리스도인과 무슬림은 함께 살아가는 데 아무 문제가 없다. 우리의 어려움은 종교 간의 싸움에 있는 게 아니다. 문제는 이스라엘의 점령이다."

팔레스타인 난민과 국제법

유엔 결의 194호 11항(1948년 12월 11일)은 귀환하여 이웃과 함께 평화롭게 살기를 원하는 모든 난민들에게는 실현 가능한 가장 빠른 시기에 귀환이 허용되어야 하며, 귀환을 원치 않는 난민들에게는 국제법 및 이에 상응하는 원칙에 따라 그들의 재산상 손실을 보상하여야 한다고 명시하고 있다. 그리고 그 의무 이행의 주체는 책임 있는 정부와 당국이다.
제네바 제4협약 49조는 점령지역에서 다른 지역으로 개인 혹은 집단을 이동시키는 것을 명백히 금지하고 있다. 점령지 밖으로 추방하는 것과 점령지 내에서 이동시키는 것은 모두 중대한 위반사항이다.
세계 인권 선언 13조는 "모든 사람은 자국을 포함한 모든 나라에서 떠나거나 돌아올 권리를 갖는다"라고 명시하고 있다.

자바브데(Zababdeh) - 물이 없는 삶

데이비드 미셸(David Mitchel)*

자바브데는 웨스트뱅크 북쪽의 비옥한 땅에 위치한 기독교인들의 작은 시골 마을로, 예닌 시에서 가깝다. 자바브데에는 역사적 유물과 유적이 많이 있는데 '야곱의 우물'이라고 추정되는 우물도 이곳에 있다. 정확히 말하자면, 이 우물은 겨울 동안 빗물을 모아, 길고 가문 여름에 사용하기 위해 만든 지하 수조이다. 이 수조는 지금도 웨스트뱅크 전체의 일상 생활에 필수적인 역할을 한다. 자바브데에는 충분하지 않은 물 공급을 보충할 수 있는 이런 수조가 500개 이상 존재한다.

현재 이 마을의 실업률은 10%도 되지 않는다. 마을의 시장인 빅토르 케이 이새에드(Victor K. Isaied)에 의하면, 마을 대부분의 사람들은 팔레스타인 자치정부에 고용되거나 작은 가게를 운영하고 있다고 한다. 이를 고려하더라도 이곳 실업률은 외국과 비교할 때 상당히 낮은 편이다. 빅토르는 지역 농업 부문을 활성화하여 고용을 늘리고 가난을 줄이고자 하는 포부를 가지고 있다. 그러나 물 부족 문제로 인해 그의 노력은 심각하게 위협받고 있다고 한다. 그는 이렇게 이야기하였다. "우리에게는 마

* 2009년 10월 - 2010년 1월 활동

실 물도 부족하다. 농업 개발은 말할 것도 없다. 이것은 가난의 지속을 초래하고 가까운 미래에는 식량 안보가 문제가 될 것이다.

이런 의미에서 자바브데는 웨스트뱅크의 대부분의 마을과 마찬가지로 물 때문에 힘겹게 살아가고 있다. 1978년 이후 마을 대부분의 집으로 수도 네트워크가 설치되었지만, 이스라엘 수자원 당국은 네트워크의 수리나 확장을 금지하고 있고 1주일에 평균 24-36시간(1-1.5일) 동안만 수도를 공급하고 있다. 여름에는 상황이 더 악화되는데, 3,600명의 주민들은 트레일러로 끌어온 물탱크를 이용하기 위해 물 1m³당 적어도 30니스(NIS, 약 USD 9달러) 이상을 지불해야 한다. 이 비용은 웨스트뱅크의 가난한 사람들에게는 물론이고, 대부분의 서양 국가와 비교해도 상당히 비싼 편이다. 게다가, 물탱크의 물은 수원이 불분명하고 설사나 신장 질환 등을 일으킬 수 있는 박테리아에 오염되어 있을 수도 있다.

1967년 이스라엘 군대가 웨스트뱅크와 가자지구를 점령한 후에 이스라엘은 점령지의 모든 팔레스타인 수원을 완전히 통제하였고, 대부분의 물을 비용 보조를 받는 정착민들에게 보내고, 최소의 양만을 팔레스타인 사람들에게 터무니없는 요금을 받아 팔고 있다. 그 후, 팔레스타인 사람들을 위해 수도 기반시설을 보수하거나 개선하는 작업이 거의 이루어지지 않았고, 수도 시설 개선에 사용할 자금이 있더라도 이런 계획은 언제나 이스라엘에 의해 거부되고 지연되었다. 결과적으로 자바브데를 포함한 점령지역의 많은 곳에서 수도 공급이 불충분해지고, 하수 처리 시설은 턱없이 부족해졌다.

"사실 우리는 이런 수도 개선 공사를 할 필요가 없다." 팔레스타인의 물 전문가 조지 리시마위(George Rishmawi)는 이렇게 이야기하였다. "현

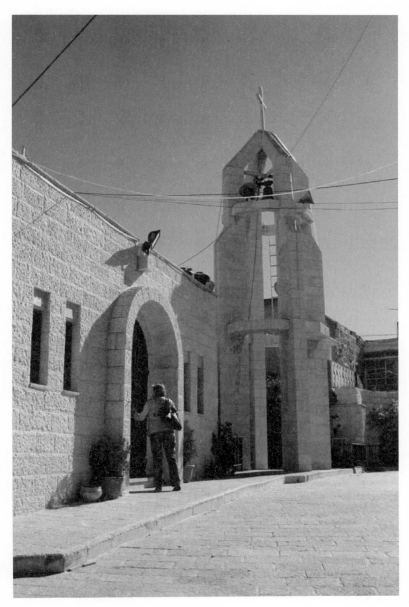

자바브데의 성공회 교회

재 이 지역 물의 공급원인 북동부 대수층은 더 많은 물을 공급할 수 있는 잠재력이 충분히 있다. 그런데 이스라엘은 지속적으로 개발을 방해하고 있다. 이것은 정치적 문제이지 물 문제가 아니다. 우리는 재정과 기술력이 있고 천연자원도 가지고 있는데도, 이 문제를 해결하는 것이 허용되고 있지 않다."

물, 위생시설과 국제법

"안전한 물에 대한 접근권은 인간에게 필수 조건이므로
곧 기본적 인권이다."
- 코피 아난(Kofi Annan) 유엔 사무총장

2010년 유엔 인권위원회는 깨끗한 물과 위생에 대한 접근권을 인권으로 인정하였다. 물과 위생 시설은 인간의 삶과 건강, 존엄의 향유를 위해 필수적인 요소이기 때문이다.
국제인도주의법에 따르면 점령국은 민간인들의 복지에 대한 책임을 져야 하고 식량, 물, 의료 지원과 주거를 포함하여 생존에 필수적인 기본적 필요와 물품들을 보장해야 한다. 제네바 제4협약은 이스라엘이 팔레스타인 주민들에게 식수 및 개인의 위생과 청결에 필요한 물에 대한 접근권을 보장해야 한다고 명시하고 있다(제네바 제4협약 55조 및 56조).
국제인권법 및 국제인도주의법은 점령당한 영토의 사람들은 그들의 천연자원을 가질 권리가 있다고 명시하고 있다. 국제인도주의법에 의하면 물은 천연자원으로써 보호되고 보존되어야 한다. 점령국이 천연자원을 이용하고 그 산출물을 사용할 경우에 대해서는 헤이그 규칙 55조에서 이렇게 규정하고 있다.

점령지에서 수자원을 과도하게 남용 또는 낭비하거나, 혹은 태만하게 이용하거나 추출해서는 안 된다. 점령국은 점령지의 재산을 훼손하거나 손상시켜서는 안 된다. 점령지의 자산에 해를 입히지 않는 정도로만 천연자원을 이용할 수 있으며 자원을 과도하게 이용해서는 안 된다. 또한, 점령국은 점령지 주민들을 위한 보조금 지급을 위해 물 사용 비용을 지불해야 한다. 점령국이나 점령국 시민, 기업의 부 축적을 위해 점령 영토의 천연자원을 사용하는 것은 엄격히 금지된다. 수자원 할당에 차별을 두는 것 또한 금지된다.

예루살렘 – 강요된 소수

니쿠 훌리(Niku Hooli)*

이스라엘은 동예루살렘의 토착 팔레스타인 사람들을 상대로 제도적이고 인구학적인 전쟁을 벌여왔다. 팔레스타인 공동체의 거주권을 조직적으로 없애 강제로 이주시키고 팔레스타인 사람들의 성도(Holy City)를 청소하려 하고 있다. 이스라엘의 목표는 예루살렘에 거주하는 팔레스타인 사람들의 비율을 이스라엘 정착민의 비율보다 낮게 만들어 유대인이 다수를 이루게 함으로써 성도에 대한 이스라엘의 불법적 영토 합병을 불가역적인 것으로 만들려는 데에 있다. 이와 같은 방책은 예루살렘의 모든 팔레스타인 사람들에게 동일하게 영향을 미치지만, 특히 팔레스타인 사회에서 이미 소수자로 살아가고 있는 예루살렘의 토착 그리스도인 공동체에 미치는 피해가 극심하다.

한때 예루살렘 인구의 다수를 차지했던 그리스도인들은 점점 멸종될 지경에 이르고 있다. 예루살렘의 팔레스타인 그리스도인들의 숫자는 이스라엘이 동예루살렘을 점령한 1967년 이후로 급격히 감소해왔다. 예루살렘 인터처치 센터(JIC)의 사무총장이자 예루살렘에 다섯 자녀를 둔

---

* 2011년 1월 – 4월 활동

유세프 다헤르(Yusef Daher)는 이렇게 말하였다. "전에 이곳에는 32,000명의 팔레스타인 그리스도인이 살았다. 지금은 9,000명도 되지 않으며, 수천 명이 디아스포라로 살고 있다."

유세프는 예루살렘에서 팔레스타인 그리스도인으로 살아가는 것이 얼마나 어려운지 잘 알고 있다. 이스라엘은 이 도시를 그들의 독점적인 그리고 분할되지 않은 수도로 만들려 하고 있다. 그리스도인들이 예루살렘에서 겪어야 하는 가장 주요한 문제는 거주 권리이다. 유세프의 가족 21명 중 10명은 이스라엘에 의해 강제로 이주당하여 그들의 고향 도시 밖에서 살게 되었다.

4년 전 미국으로 떠난 유세프의 한 형제는 현재 예루살렘으로 돌아올 수 없다. 이스라엘은 예루살렘의 팔레스타인인이 이 도시 밖에서 살 경우 더 이상 예루살렘은 그/그녀의 생활의 중심이 아니라고 판단해 거주권을 박탈하고 있기 때문이다.

유세프의 또 다른 형제의 아내 또한 미국에 사는 예루살렘 사람인데, 예루살렘 신분증을 빼앗기고 현재 예루살렘에서 미국인 여행자 자격으로 살고 있다. 그녀는 여행 비자를 갱신하기 위해 3개월에 한 번씩 요르단에 갔다가 웨스트뱅크로 다시 들어온다. 그녀의 남편이 예루살렘에 사는 예루살렘 사람임에도, 어떤 종류의 거주 허가도 받지 못하고 있다. 이스라엘은 지난 11년 동안 예루살렘의 팔레스타인 가족에게 국적 단일화를 허용하고 있지 않기 때문이다.

"나의 여동생과 여동생의 남편은 모두 예루살렘에서 태어났지만, 처남이 라말라(Ramallah)에서 직업을 갖고 있고 그곳에 주택을 한 채 소유하고 있다는 이유로 더 이상 예루살렘 신분증을 갱신하지 못하고 있다"

라고 유세프가 말했다.

예루살렘의 모든 팔레스타인 사람들과 마찬가지로 팔레스타인 그리스도인들 역시 주거 문제로 인해 심각한 고통을 받고 있다. 팔레스타인 사람들은 예루살렘 땅의 단 13%에만 건축을 할 수 있는데 이 땅은 이미 건물들로 꽉 차 있다. 또한 이스라엘 지자체는 팔레스타인 사람들에게 내주어야 할 건축 허가를 관행적으로 끝도 없이 미루고 있다. 건축허가를 받기 위해 수만 달러를 쓰지만 대부분 허가가 나지 않는다. 이 제도적 관행이 의도하는 바는 팔레스타인 사람들로 하여금 예루살렘에 집을 짓지 못하게 하는 것이다. 예루살렘이 아닌 라말라나 베들레헴에 집을 짓게 함으로써 그들의 거주권을 취소하려는 속셈이다. 그래서 많은 팔레스타인 사람들은 허가 없이 새집을 짓거나 기존의 집에 부속된 집을 지음으로써 강제 이주에 저항하고 있다. 이러한 저항은 종종 퇴거나 철거로 이어지며, 이 두 경우 모두 노숙자와 국내 이주민을 만들어낸다.

"현재 그리스도인의 주택 22곳이 철거나 퇴거의 위기에 처해있다. 앞으로 5년 안에 예루살렘의 팔레스타인 그리스도인 숫자는 5,500명 이하로 떨어질 것이다"라고 다헤르는 예고했다.

이스라엘은 팔레스타인 그리스도인들과 팔레스타인 무슬림들을 모두 심하게 대우한다. 2010년 가을, 예루살렘 서부의 연합교회(Alliance Church)는 정통파 유대인 공동체로부터 수차례 위협을 받은 후 방화 공격으로 인해 일부 소실되었다.

또 다른 문제는 예루살렘에 아랍어가 가능한 성직자들이 부족하다는 것이다. 아랍 국가 출신의 성직자들은 이스라엘 입국이 거부되기 일쑤이다. 이스라엘은 성탄절과 부활절에는 웨스트뱅크의 그리스도인들이

점령되지 않는 신앙

예루살렘에 와서 예배를 드릴 수 있도록 허가를 내주고 있지만, 아주 적은 수의 사람들만 허가를 받고 있다.

"이스라엘 공무원들은 성 토요일에 10,000명에게 허가를 내주었다고 주장하지만, 실제로 그 숫자는 약 3,000명이다. 그리고, 기독교의 축제일이 유대교의 축제일과 겹칠 경우에는 그 숫자가 현저히 줄어든다"라고 다헤르는 설명했다. 그리고 지역 교회들은 이에 대항하기 위해 이렇게 애쓰고 있다고 말했다. "우리는 호소문을 발표하고, 전 세계의 정치인들에게 편지를 쓰고, 최상위 국제 법원에 우리의 사례를 고발하기 위해 노력하고 있다."

그리스도인의 숫자는 감소하고 있지만, 다헤르는 자신들을 소수라고 부르는 것을 원하지 않는다.

다헤르는 "우리는 소수가 아니다. 우리는 예루살렘의 토착 지역 공동체이다. 우리는 개방된 도시를 원한다. 우리가 싸우고 있는 대상은 유대인이나 무슬림이 아니라, 이스라엘의 배타성이다"라고 말했다.

"예루살렘은 모든 하나님의 자녀들을 위한 자유롭고 개방된 도시가 되어야 한다. 이곳에서는 모두가 동등한 권리를 가져야 한다."

예루살렘과 국제법

유엔 결의 252호(1968년 5월 21일)는 예루살렘을 유대인들의 수도로 통합시키려는 이스라엘의 행위는 무효하다고 선언했고, 유엔 결의 476호(1980년 6월 30일)는 이스라엘이 주장하는 동예루살렘에 대한 점유권은 무효라고 반복하여 명시하였다.

또한, 2004년부터 분리 장벽 문제를 다뤄온 국제사법재판소는 이스라엘이 점령국으로서 입법적, 행정적 수단을 활용하여 예루살렘의 상황을 변화시키거나, 혹은 변화시켰다고 주장하는 것은 그 자체로 이미 국제법에 위반되기 때문에 무효라고 재차 확언하였다.

국제법에 따르면, 동예루살렘은 점령 영토이다. 무력을 사용해 땅을 합병한 것은 국제법에 위배되기 때문에 병합 방식으로 이곳의 땅을 차지할수 없다(유엔 헌장 2(4)조).

점령되지 않는 신앙

팔레스타인을 건설하다
– 정치계와 시민사회에서 활동하는 그리스도인들

쉐리 안 채프먼(Sherry Ann Chapman) & 루스 스미스(Ruth Smith)*

"팔레스타인 그리스도인들은 팔레스타인의 '아름다운 자수'라고 불린
다. 왜냐하면 그들은 팔레스타인 인구 전체를 조화롭게 만드는 필수적
인 사람들이기 때문이다." – 진 자루(Jean Zaru)

정치계와 시민사회에서 그리스도인들의 목소리를 대변하고 있는 버나
드 사벨라에 의하면 이스라엘과 팔레스타인에 사는 팔레스타인 그리스도
인들의 숫자는 적지만, 그들은 역사, 사회, 경제, 그리고 이 땅의 지형에서
중요한 역할을 하고 있다고 한다. 그들은 토착 그리스도인들이고 교육 수준
이 높은 집단이며 정치와 시민사회 지도자로서 역동적으로 활동하고 있다.

팔레스타인 그리스도인들은 다양한 교파로 구성되어 있고 에큐메니
칼 일치의 필요성을 잘 알고 있다. 그들은 사회 내에서 그리스도인들이
다수를 차지하며 필수적인 존재로 살아가고 있음을 기쁘게 여긴다. 팔
레스타인 그리스도인들은 자신들의 기독교적 정체성만큼이나 국가적

---

* 2011년 1월 – 4월 활동

진 자루는 라말라의 프렌즈 미팅 하우스(the Friends Meeting House)의 서기원으로 일하고 있고, 그녀는 사빌 에큐메니칼 해방신학 센터(the Sabeel Ecumenical Liberation Theology Center)의 설립 멤버이다.

정체성을 중요하게 생각한다. 사벨라 박사는 자신들을 다른 팔레스타인 사람들과 구별하여 생각하는 것은 자신들을 자국민들과 구별 짓는 것이기 때문에 이를 원치 않는다고 이야기하였다.

동예루살렘과 웨스트뱅크, 그리고 가자지구에서 이스라엘의 점령 아래에 산다는 것은 기독교인과 무슬림을 포함한 모든 팔레스타인 사람들에게 있어서 경제적 어려움과 정치적 불안정, 그리고 이동의 자유의 상실을 의미한다. 팔레스타인 사람들은 이런 이유 때문에 이 땅을 떠나는 것이지, 팔레스타인 무슬림들 때문이 아니라는 사실을 강조할 필요가 있다. 팔레스타인 그리스도인이자 팔레스타인 자치정부 교육부의 감독관인 루나 나스랄라(Luna Nasrallah)는 점령 하의 삶에 대해 이렇게 이야기하였다. "우리는 이스라엘 군인들에 의해 자유롭게 살 권리, 인간답게 대우받을 권리 등 많은 권리를 빼앗겼다." 과거 나블루스와 베들레헴에 살다가 지금은 아람(Arram)에서 살고 있는 사데(Sa'adeh) 가족의 이야기는 이스라엘 점령 문제에 대한 큰 울림이 된다. 그들은 분리 장벽 밖이지만, 여전히 예루살렘 안에 살고 있다. 정형외과 수술의인 하이탐 사데(Haitham Sa'adeh) 박사는 "팔레스타인 그리스도인들은 이스라엘의 점령으로 인해 너무나 많은 어려움을 겪고 있고 불안정한 경제, 정치적 상황 때문에 이곳을 떠나고 있다"라고 말했다. 그의 아내인 파텐 사데

(Faten Sa'adeh)는 이렇게 덧붙였다.

우리의 삶은 정치로부터 분리될 수 없다. 이스라엘이 행하고 있는 일들을 보며 사람들은 정치에 대해 이야기해야 한다. 그리스도인들은 오랜 시간 팔레스타인 자치정부에서 지도자 역할을 해왔고, 자치정부는 팔레스타인 그리스도인들의 의회 활동을 당연하게 여긴다. 132개 의석 중 6개 의석이 팔레스타인 그리스도인들에게 독점적으로 지정되어 있는데, 이는 2010년 기준으로 볼 때, 점령지역 인구의 1.25%에 불과한 그리스도인들에게 4.5%의 대표권을 부여한 것이다. 팔레스타인 자치정부 의회에서 그리스도인의 비율이 높은 것은 여러 면에서 긍정적인 영향을 미친다. 그리스도인들과 교회의 지도자들은 팔레스타인 자치정부 및 많은 비영리단체에 기금을 제공하는 서방 국가들과 밀접한 관계를 맺고 있기 때문이다. 우리는 가치 있는 소수이며, 결코 약하지 않다. 그리스도인들은 무슬림과 함께 이곳에 머물고 공존해야 한다. 우리는 이곳에 있음으로써 우리의 정체성을 지속할 수 있다.

무니브 유난(Munib Younan) 주교, 미카엘 사바(Michael Sabbah), 그리그 아탈라 한나(Atallah Hanna)와 같은 종교 지도자들과 더불어, 팔레스타인 그리스도인들은 사회 전반(정치, 경제, 학계, 의료 서비스, 법조 영역 등)에 걸쳐 눈에 띄는 지도력을 보여주고 있다. "대략 22,000명의 팔레스타인 그리스도인들이 자치정부 전반에서 일하고 있다. 예를 들어 버제이트 대학교(The BirZeit University) 교수진의 1/3이 팔레스타인 그리스도인들이다. 이들은 많은 전문 직종, 학계, 그리고 국가발전에 필수적인 여러 활동 영역에서 지도력을 발휘하고 있다"라고 사벨라 박사는 말했다.

사벨라 박사는 중동교회협의회(The Middle East Council of Churches)의 팔레스타인 난민 지원 부서(Department of Service to Palestine Refugees, DSPR)에 대해 "교회 기반의 조직으로 전 세계에 파트너십을 맺고 있으며, 그 수혜자의 80%는 그리스도인이 아니다. 예를 들어 팔레스타인 그리스도인들은 노인복지를 위한 첫 번째 시설을 예루살렘과 베다니에 설립하였고 아부 디스에는 노인들과 만성질환자들을 위한 시설을 설립하였다. 이 시설들은 그리스도인이든 무슬림이든 상관없이 모든 팔레스타인 사람들을 위한 것"이라고 설명했다.

팔레스타인 사회에서 중요한 존재로 자리 잡은 팔레스타인 그리스도인들은 미래의 소망을 그려나갈 수 있을 것 같다. 유세프 다헤르는 이렇게 이야기하였다. "우리는 쉽게 사라지지 않을 것이다. 우리는 이곳에서 2,000년 이상을 살아왔다. 사람들의 이주는 계속되겠지만 다시 돌아오는 사람들도 분명 있을 것이다. 자치정부에서 살기 위해 돌아온 어떤 사람들은 경제가 어려운 때에는 해외에서 사는 것보다 고향에서 사는 것이 낫다고 말하고 있다." 사벨라 박사는 그리스도인들은 이 땅에 계속 존재하겠지만, 사회와 교회에 중요한 기여를 할 수 있는 사람들 중 몇몇은 외국에서 공부 후에 이민을 가는 것을 선택할 것으로 보인다고도 이야기하였다.

진 자루의 비유를 떠올려 말하자면, 자수실과 같은 팔레스타인 그리스도인들은 사회 내에서 역동적으로 자신들을 엮어가고 있다. 사벨라 박사는 말했다. "나는 점령하에 사는 시민이다. 나는 사회 건설에 기여하며 살고 싶지, 보호 대상으로 살고 싶지 않다." 그들은 팔레스타인 사회의 정치와 민간 영역에서 없어서는 안 될 필수불가결한 사람들이다.

점령되지 않는 신앙

점령으로 인해 분리되고 성스러운 결혼으로 하나 되다

유엔 헌장은 배우자를 선택하고 결혼할 권리는 모든 인간의 기본권이라고 규정하고 있다.

팔레스타인 그리스도인들은 예루살렘 거주자인지, 웨스트뱅크와 가자지구에 남아있는 사람인지, 이스라엘 시민권자인지, 또는 디아스포라로 살고 있는지에 따라 각기 다른 이동의 제한, 시민권, 신분증, 법적 지위를 갖고 있다. 이와 같이 점령 정책은 팔레스타인 사람들의 정체성을 최소 5개의 집단으로 나누어 놓았고, 이들 집단 간의 결혼은 매우 심각한 문제가 되었다. 이것은 모든 팔레스타인 사람들이 겪고 있는 문제이지만, 배우자 선택의 폭이 매우 좁은 소수 공동체인 팔레스타인 그리스도인들에게는 비율적으로 더 큰 문제가 되고 있다.

예를 들어 웨스트뱅크와 가자지구의 팔레스타인 사람들은 모두 팔레스타인 자치정부의 행정 관리로부터 '녹색 신분증'을 발급받는다. 그러나 두 영토는 2000년 9월, 완전히 분리되었고 서로 간의 이동은 금지됐다.

---

* EAPPI 변호인

게다가, 두 지역의 사람들은 모두 팔레스타인 배우자를 찾기 위해 이스라엘에 들어갈 수 없다. 또한, 이스라엘의 팔레스타인 시민들 역시 가자지구와 웨스트뱅크 대부분의 지역으로 들어갈 수 없다. 예루살렘은 웨스트뱅크의 한 지역임에도 불구하고, 웨스트뱅크의 팔레스타인 사람들은 예루살렘에 들어갈 수 없고 예루살렘 사람들은 가자지구에 들어갈 수 없다. 또한, 가자지구 사람들은 영토를 떠날 기회가 거의 없으며, 외국인들이 가자지구에 들어갈 수 있는 허가를 얻는 것 또한 거의 불가능하다. 디아스포라들에게 가자지구 접근이 차단되는 것은 말할 것도 없다.

팔레스타인 그리스도인들이 한 데 모일 수 있는 때는 성탄절과 부활절 절기가 유일하다. 이때 디아스포라들은 가족을 만나기 위해 고향에 돌아올 수 있고, 이스라엘에 사는 팔레스타인 시민들은 베들레헴으로 들어올 수 있으며, 웨스트뱅크와 가자지구의 많은 그리스도인들 역시 이스라엘과 예루살렘을 포함한 웨스트뱅크를 방문할 수 있는 단기 허가를 받게 된다. 그러나 웨스트뱅크의 팔레스타인 사람들은 가자지구에 들어갈 수 있는 허가를 절대 받지 못한다.

이 절기 중에 만난 두 사람이 서로에 대해 호감을 느끼고 결혼을 계획할 경우, 그들은 자신들이 겪게 될 수많은 어려움을 익히 예상할 수 있다. 이스라엘은 2002년 이후 팔레스타인 사람들에게 가족 간 국적 단일화를 허가하고 있지 않기 때문이다. 아마도 그들은 약혼도 하기 어려울 것이다. 팔레스타인 사회에서 결혼은 배우자의 가족 전체를 받아들이는 것을 의미하기 때문에 서로의 가족들이 만날 수 없고 결혼 예식 절차를 함께 치를 수 없다면 양쪽 가정에서는 이 결혼에 동의하지 않을 것이기 때문이다.

점령되지 않는 신앙

전통적으로, 신부는 신랑을 따라 신랑의 고향에서, 난민의 경우에는 거주 장소에서 살게 된다. 웨스트뱅크 출신 여성이 가자지구 출신 남성과 결혼을 할 경우, 그녀는 가자지구에 들어갈 수 없기 때문에 남편과 함께 살 수 없다. 가자지구 출신 여성이 웨스트뱅크 출신 남성과 결혼을 하고 웨스트뱅크에서 불법적으로 살아야 한다면, 그녀는 남편의 동네를 절대로 벗어나서는 안 된다. 웨스트뱅크 전역에 있는 수많은 검문소 중 한 곳에서 신분이 발각될 경우, 그녀는 가자지구로 자동 출국당하고 남편 및 아이들과 헤어지게 되기 때문이다. 인생을 오로지 한 장소에서만 살아야 한다면, 진정한 삶이 될 수 없다. 그것은 교육받고 일하고 여행하고 사람들을 만나는 모든 기회를 제한당하는 것을 의미한다. 가자지구의 어떠한 여성도 그런 삶을 기꺼이 감당하려 하지는 않을 것이다.

웨스트뱅크의 다른 지역과 분리된 동예루살렘의 장벽

가자지구 출신의 팔레스타인 여성이 예루살렘 시민권을 가진 팔레스타인 사람, 혹은 예루살렘에 거주하는 팔레스타인 사람과 결혼하려 할 경우에도 같은 시나리오가 적용된다. 그녀는 이스라엘이나 예루살렘에서 남편과 함께 살 수 있는 허가를 받을 수 없다. 예루살렘 거주자가 배우자를 따라 웨스트뱅크에 살기로 결정한다면(가자지구에는 들어갈 수 없다), 그/그녀는 자신의 예루살렘 거주권을 잃게 되는 위험을 감수해야 하고 따라서 가족과 친구들로부터 차단된 삶을 살 수밖에 없게 된다. 예루살렘 거주자가 이스라엘 시민권을 가진 팔레스타인 사람과 결혼한다면, 그/그녀는 이스라엘 시민이 된다. 그러나 이 경우, 그들은 더 이상 예루살렘에 거주하는 팔레스타인 인구에 포함되지 않게 된다. 따라서 그/그녀들은 추후 이스라엘-팔레스타인 간 최종 협정이 이루어질 때에 팔레스타인 인구통계에 포함되지 않거나, 혹은 경계선을 확정할 때 서로 분리되어 다시금 가족 및 친지들과 이별해야 한다

해외에서 태어났거나 공부나 일 때문에 해외에 거주하면서 신분증이 취소된 디아스포라 팔레스타인인들은 오직 3개월짜리 여행 비자를 가진 여행자 자격으로만 이스라엘과 예루살렘을 포함한 가자지구에 들어올 수 있다. 배우자를 만나러 고향에 들어오더라도 그들은 이 지역 어디에서도 거주할 수 없다. 이 지역에 사는 배우자와 함께 살기 위해 필요한 장기 체류 비자를 발급받을 수 없기 때문이다. 비팔레스타인/비아랍 출신의 외국인들은 이 지역 어디에서든 유대인 이스라엘 배우자와 살기 위한 장기 체류 비자를 손쉽게 발급 받을 수 있다. 팔레스타인인들에게 노골적으로 이중적인 기준을 적용하고 있는 것이다. 디아스포라로서 고향에 돌아온 사람들에게는 두 가지 선택이 있다. 하나는 배우자를 찾

점령되지 않는 신앙

아 함께 외국에서 사는 것인데, 이 지역 배우자가 예루살렘 출신일 경우 그/그녀는 신분을 포기해야 할 수 있다. 또 다른 하나는 3개월마다 이 지역을 떠나 비자를 갱신하고 다시 들어와야 하는 불안정한 삶을 사는 것이다. 문제는 어떤 경우에나 입국은 거절될 수 있고 이렇게 될 경우 배우자, 자녀들과 떨어져 살아야 한다는 것이다.

칠레에서 온 디아스포라 팔레스타인 그리스도인 자비에르(Xavier)는 라말라에서 살고 있다. 그는 "나에게 팔레스타인 신분증이 있고 디아스포라나 이스라엘, 예루살렘, 혹은 가자지구 출신의 또다른 팔레스타인 사람이 내 딸에게 청혼을 한다면, 나는 제일 먼저 그에게 내 딸과 어떻게 함께 살 것인지부터 물어볼 것이다. 실제 상황에서 법적인 고려사항이 많기 때문이다. 수백 개의 가정이 분리되어 살아가고 있다. 결혼으로 인해 딸과 가족을 잃을 수도 있다. 이스라엘의 이런 정책에도 불구하고 나는 이스라엘이 자신들의 사적인 생활, 그리고 사랑하는 사람과의 결혼에까지 영향을 미칠 권리는 없다고 생각하는 사람들을 지지한다"라고 말했다.

이스라엘은 팔레스타인의 국가적 정체성을 깨뜨리기 위해 결혼에 대한 엄격한 규정을 적용하고 있다. 이런 정책이 계속될 경우, 팔레스타인 그리스도인의 지속적인 존재 가능성은 암울해 보인다. 그리스도인 공동체의 감소 추세 속에서 배우자를 찾는 것은 이미 어려운 일이 되었다. 특정 지역의 사람과 결혼하는 것이 엄격하게 제한되는 일이 지속되는 한 이러한 어려움은 점점 커져갈 것이다. 이런 이유 때문에라도 예루살렘은 역사적인 이웃 도시인 베들레헴, 라말라와 더욱 강력하게 연대해야 한다.

가족의 결합과 국제법

가족에 관하여서는 헤이그 규칙 46조와 제네바 제4협약 27조에서 보호하고 있다. 민간인들은 모든 경우에 있어서 그들의 신체, 명예, 가족권, 신앙, 종교상의 관습 및 풍속을 존중받을 권리가 있다.

자연적이고 기초적인 단위인 가정에 대하여는, 특히 가정의 성립을 위하여, 그리고 가정이 어린이의 양육과 교육에 책임을 맡고 있는 동안에는 가능한 한 광범위한 보호와 지원이 부여된다. – 1966년 발표된 경제, 사회, 문화적 권리에 대한 국제 협약 10조(1991년 이스라엘에서 비준됨)

가족간의 결합을 막는 것은 강제 이주 금지 원칙에도 위배된다(제네바 제4협약 49조는 점령 지역 밖의 피보호자들에게도 강제력이 있다).

점령되지 않는 신앙

부르킨(Burqin) - 고립되어 있지만 희망적인 곳

패트리시아 코크렐(Patricia Cockrell) & 마르코스 파이바 멘돈카(Marcos Paiva Mendonca)*

부르킨에 있는 성 조지 그리스 정교회 성당은 웨스트뱅크 북동쪽의 예닌 시에서 바로 서쪽에 위치해 있고 세계에서 세 번째로 오래된 교회로 여겨진다. 콘스탄틴 황제의 어머니인 헬레나가 예수 그리스도의 생애 300년 후에 홀리랜드를 여행했을 때 이 장소를 예수가 다녀갔고 이적이 행해진 곳이라고 인정했다고 전해진다. 그녀는 부르킨을 10명의 나환자들이 치료된 마을(누가복음 17:11-19)로 여기고 이곳의 우물 위에 교회를 짓게 하였다. 이 교회는 9세기에 대규모로 재건축되었는데 지금까지도 흔치 않은 모양의 돌 십자가를 포함하여 4세기에 지어졌던 당시의 일부분이 여전히 남아있기도 하다.

부르킨의 그리스도인 공동체는 수 세기 동안 번영하였고 8세기까지 마을 인구의 절반을 차지하였다. 영국령이었던 1940년대에도 많은 이주와 개종에도 불구하고 그리스도인들의 인구 비율은 1/3을 차지하였다.

부르킨 그리스도인 공동체의 일원인 에밀(Emile)에 따르면 '발푸르 선언'(Balfour Declaration)이 발표되었을 때 팔레스타인의 그리스도인들은

---

* 2009년 10월 - 2010년 1월 활동

큰 불안감을 느꼈다고 한다. 그들은 성소의 보존과 생존의 차원에서 무슬림들보다 시오니스트 이주자들을 훨씬 더 두려워하였다. 사실, 그들은 예수를 선지자로 받아들이고 그리스도인들을 성서의 사람들로 여기며 존중해주는 이슬람에 대해서는 위협을 느끼지 않았다.

이스라엘-팔레스타인의 정치적 갈등은 종종 유대인 대 무슬림의 갈등으로 여겨진다. 그렇다면 그리스도인들의 문제는 어떠한가? 십자군 전쟁 후 남아있는 사람들인가, 아니면 어딘가에서 이주해온 사람들인가? 에밀은 이에 대해 설명해야 할 때가 많다고 한다. "예수님께서 여기에 계셨다. 그분은 이곳에서 걷고 이적을 행하셨으며 사람들은 그의 가르침을 들었다. 이곳은 기독교의 탄생지이다. 우리는 외국 어딘가에서 유입되어 남아있는 사람들이 아니라 최초의 그리스도인들의 직계 후손들이다."

이스라엘 정부에 의한 이동의 제한으로 인해 교회 간의 상호 방문이 금지되면서 공동체는 고립감을 느끼고 있다. 이와 더불어 고용의 문제 역시 심각하다. 많은 사람들이 일자리를 구하기 위해 해외로 잠시 떠나거나 심지어 이민을 가려고 한다. 팔레스타인 그리스도인들은 다른 이들과 마찬가지로 교육을 받았고 일할 의욕도 있지만 소수 집단이기 때문에 지역 내에서 고용되기 위해 필요한 연줄을 거의 갖고 있지 않다. 에밀은 한때 예루살렘에 있는 한 호텔에서 일했지만, 인티파다 중에 호텔은 문을 닫았고 그는 현재 예루살렘에 들어갈 수가 없다. 그는 웨스트뱅크의 다른 곳으로는 갈 수 있지만, 이스라엘 국경 경비대가 그리스도인들과 다른 팔레스타인인들을 차별하여 대하는 것을 좋아하지 않는다. 군인들은 무슬림들에게만 버스에서 내려 검문소를 통과해야 한다고 말

점령되지 않는 신앙

최근 개조된 성 조지 그리스 정교회 성당

최근 개조된 성 조지 그리스 정교회 성당에 있는 이콘화

할 때도 있고, 그 반대의 경우도 있다. 어느 쪽이든, 버스에 탄 사람들은 한 집단으로 다뤄질 때가 많으며, 이스라엘 군인들은 고의적으로 이런 방식을 사용해 마찰을 일으키려고 한다.

1948년 전쟁이 있은 후 하이파, 나사렛 또는 베들레헴의 많은 그리스

점령되지 않는 신앙

도인 가정이 고향에서 도망쳐 기독교 국가로 가 난민 인정을 받았다. 남아있던 사람들이 경제적, 문화적 이유로 그들의 친척들을 따라가면서 이주는 계속되었다. 너무나 많은 사람들이 팔레스타인을 떠나고 있고, 남아있는 그리스도인들은 결혼 배우자를 찾기가 너무나 어렵다. 서로 다른 종교를 가진 사람들이 결혼하는 경우, 신부가 신랑의 신앙을 받아들일 것을 요구하는 아랍 전통 때문에 개종이 이루어지기도 한다. 개종 문제는 무슬림과 그리스도인들 사이에서 매우 민감한 사안이 되었다. 우리가 참석한 예배에는 어른보다 아이들의 숫자가 많았고 모두 한 할머니의 손주들로 보였다. 그렇다면, 20년 후 이곳에는 건강한 그리스도인 공동체가 형성될 수 있을까? 에밀은 말했다. "그들이 결혼 상대와 직업을 찾을 수 있을 경우에만 그렇다."

부르킨에는 가톨릭 교회가 하나 있다. 어느 부유한 이탈리아 사람이 두 채의 집을 구입하여 개조하고 교회를 세웠지만, 교인들이 떠나면서 문을 닫게 됐다고 한다. 부르킨의 6,500명 인구 중 그리스도인은 100명도 채 되지 않는다. 그러나 이곳에서는 여전히 매주 찬송과 행렬 기도, 향과 성찬식이 있는 온전한 예배가 드려진다.

라피디야 – 장벽을 무너뜨리다

웨인 스미스(Wayne Smith), 웬치 브랜든(Wenche Brendon), 수 베어든(Sue Beardon)*

웨스트뱅크 북쪽의 부산한 도시 나블러스에는 약 130,000명의 인구가 살고 있고 700명의 작은 그리스도인 공동체가 있다. 이 공동체에는 4개의 교회가 있는데, 성공회 교회, 멜키테 가톨릭 교회, 라틴 가톨릭 교회, 동방정교회이다. 이 지역에 사는 대부분의 그리스도인들은 이곳이 예수님이 우물가의 사마리안 여인을 만난 곳이고, 자신들은 이곳에 세워진 초대교회의 유산을 이어받았다고 주장한다. 그러나 10년 전 2,500명이었던 그리스도인의 숫자가 최근 들어 급감하면서 걱정스러운 상황을 겪고 있다.

성공회 교회의 이브라함 신부는 이야기했다. "서구 언론은 이곳에 무슬림과 그리스도인 사이에 갈등이 있고 이것이 그리스도인 대이동의 원인이라고 주장한다. 그러나 나는 이런 주장을 강력하게 부인한다. 사람들이 포기하고 떠나는 이유는 이스라엘의 점령과 그 결과 때문이다."

사미(Sami)와 룰라 카릴(Rula Khalil)은 나블러스에서 세 아들을 키우고 있는 그리스도인 부부이다. 그들은 말했다. "우리는 나블러스에 살면

---

* 2011년 1월 – 4월 활동

서 그리스도인이라는 이유 때문에 위협을 받는다는 생각을 해 본 적이 없다. 나블러스에 그리스도인들이 가장 많던 때에는 법이 없었는데도 그리스도인들이 해를 입은 적은 없었다." 이브라함 신부는 "우리는 같은 언어를 말하고 같은 문화에서 살고 있으며 무슬림들과 강한 연대를 이루어왔다. 우리 사이에는 아무런 종교적 문제가 없다"라고 말했다.

우리 팀은 성탄 전날 4개 교회가 연합하여 진행한 행진 행사를 통해 나블러스의 이슬람 공동체가 그리스도인들을 얼마나 환대하고 있는지 확인할 수 있었다. 서로 다른 교회들이 하나 되는 모습을 보는 것도 분명히 멋진 일이었지만, 우리 마음을 더욱 따뜻하게 만들었던 것은 이슬람 공동체가 보여준 열렬한 환대였다. 시 경찰국은 행렬을 따라 호위를 해주었고 특별히 제작된 크리스마스 카드를 나누어주었다. 나블러스 시장은 4명의 성직자와 함께 행진을 이끌었다. 행진을 구경하는 사람 중에는 거부감을 표하는 사람이 하나도 없었고, 우리는 모두의 표정에서 그리스도인 소수 공동체에 대한 격려와 포용을 엿볼 수 있었다. 45분여 동안 진행된 행진에는 수천 명의 지지자들이 참여했는데 이는 이 도시의 그리스도인 숫자를 훨씬 넘어서는 숫자였다. 우리는 행렬 가장자리에 두건을 쓴 팔레스타인 무슬림 여성의 가족이 있는 것을 보고 다가갔다. 그들에게는 10살쯤 되어 보이는 아들이 하나 있었다. 우리가 다가갔을 때 젊은 아버지는 아들에게 나가서 인사하라고 권하였고, 이 어린 소년은 자신이 할 수 있는 최선의 영어로 따뜻하고 자랑스럽게 "메리 크리스마스"를 외쳤다. 멜키테 가톨릭 교회의 유세프 신부는 "나블러스의 무슬림과 그리스도인들은 이처럼 연합하여 살고 있다"라고 말하고는 두 손가락으로 십자가를 만들었다. "우리에게는 단 하나의 문제가 있다. 그것은 이스라엘의 점령이다."

유세프 신부는 말했다. "우리 공동체는 고립과 경제적 가난 때문에 점점 축소되고 있다. 일자리가 거의 없다. 2차 인티파다 동안 모든 길목마다 검문소가 설치되었고 도시 전체가 폐쇄되었다. 들어오는 길도, 나가는 길도 막혀 있었다. 많은 가게들이 문을 닫거나 이사를 갔다. 많은 그리스도인들이 기회가 생기면 이곳을 떠났다." 이브라함 신부도 같은 이야기를 들려주었다. "나블루스 전역의 수많은 검문소들이 수출과 무역을 어렵게 만들면서 많은 기업들이 문을 닫고 다른 마을로 이사를 가야 했다."

이 공동체의 기독교 지도자들은 그리스도인들이 이곳에서 계속 살아가게 하기 위해 열심히 노력하고 있다. 이브라함 신부는 교인들에게 이렇게 이야기했다고 한다.

> 우리는 그리스도인들이고 이곳은 성스러운 땅이다. 우리는 여기에 있어야 하고, 점령은 영원히 지속되지는 않을 것이다. 이곳을 떠나기로 결정한 사람들은 울타리 반대편 잔디가 더 푸르다고 믿는 사람들인 것 같다. 나는 그들에게 이곳을 떠나더라도 천국과 같은 곳으로 가는 것처럼 생각해서는 안 된다고 이야기해주었다. 그들은 이곳에서 자신들의 천국을 지어가야 한다.

그러나 그리스도인 지도자들 역시 가족을 위해 더 나은 삶을 찾아 떠나기를 원하는 교인들의 마음을 잘 알고 있다. 경제적 불안정에 더해 점령은 정치적, 심리적, 그리고 사회적 불안정을 가중시켰고, 떠나야겠다

점령되지 않는 신앙

는 압박감은 더 커졌다.

유세프 신부는 저들이 겪고 있는 압박감에 대해 이렇게 이야기했다.

사람이 장벽을 만든다. 이것은 하나님의 방식이 아니다. 이스라엘 정부
는 장벽을 만들어 놓고는 함께 살아가야 한다고 말한다. 장벽을 사이
에 두고 어떻게 함께 살아갈 수 있겠는가? 이스라엘은 이것이 보안 울
타리라고 주장하지만 이것은 분명 사람들을 분리시키는 인종 차별의
벽이다. 우리는 지금 새장 안에서 죄인처럼 살고 있다. 단지 팔레스타
인 사람이라는 이유로 그들은 나를 테러리스트 취급한다. 독립을 요구
하면, 누구든 테러리스트가 된다. 인권을 요구하면, 누구든 테러리스트
가 된다. 정의를 요구하면, 누구든 테러리스트가 된다.

유세프 신부는 점령당한 팔레스타인에서 사는 삶이 어떤지 설명하기
위해 이런 이야기를 들려주었다.

개인적인 이야기를 해보겠다. 지난해에 나사렛(이스라엘 안)에 사
는 나의 형이 죽었고, 나는 그해 성탄절에 형수와 조카들을 만나러 가
려고 했다. 형의 가족들이 형을 떠나보내고 맞는 첫 번째 성탄절이었
기에 꼭 함께 있고 싶었다. 우리는 나사렛으로 가기 위해 필요한 모
든 서류를 작성하여 허가를 받았다. 그리고 아내와 아들, 며느리, 8개
월 된 손자와 함께 검문소에 이르렀다. 군인들은 8개월된 아기만 제
외하고 모두 통과할 수 있다고 말했다. 아기는 허가를 받지 못했기
때문이다. 아무도 우리에게 아기의 보안 허가를 위해 무엇이 필요한

지 말해준 적이 없었다. 우리가 어떻게 아기만 놔두고 그곳을 통과할 수 있었겠는가? 나는 몹시 화가 나서 이 거대한 이스라엘 국가에 8개월 된 아기가 위협이 될 수 있다고 여기는 이유가 무엇인지 따졌고 군인들은 단지 아기에게 허가 서류가 없기 때문에 통과할 수 없다고 했다. 나는 그들에게 나는 늙었고, 죽은 내 형의 아내를 만나러 가야겠으니 원한다면 나를 쏘라고 말했다. 물론 나는 가지 못했고 그들은 나를 쏘지 않았다. 우리는 모두 집으로 돌아왔고 형수와 조카들은 그들만의 성탄절을 보내야 했다. 이것이 점령당한 땅에서의 삶이다.

이러한 어려움 가운데에서 믿음의 목자들은 어떻게 사람들을 이끌며 계속 나아갈 수 있을까? 유세프 신부는 이렇게 말했다. "오직 우리 주님 예수 그리스도의 은혜로 계속할 뿐이다. 매일 내 마음속에 생겨나는 벽을 허물어야 한다. 검문소에서의 그 날에도 나는 정말 큰 벽을 허물어야 했다."

분리 장벽과 국제법

국제사법재판소는 2004년 7월 9일, 이스라엘이 동예루살렘을 포함하여 웨스트뱅크에 건설한 분리 장벽은 불법이라는 '권고 의견'을 냈다. 이 판결은 웨스트뱅크와 동예루살렘 깊숙한 곳에서 진행되고 있는 장벽 건설을 즉각 중단할 것을 요구하였다. 재판소는 장벽 건설이 강제 이주를 조장하는 방책으로써 팔레스타인 사람들의 자기 결정권을 침해하고 국제

점령되지 않는 신앙

법이 금지하는 영토 합병에 해당한다고 판단하였다.

또한 웨스트뱅크의 장벽은 팔레스타인 사람들의 이동의 자유와 다른 기본권들(건강에 관한 권리, 교육받을 권리, 일할 권리 등)을 저해한다고 판단하였다. 마지막으로 재판소는 이렇게 결론을 지었다.

> 이스라엘은 국제법 위반 행위를 즉각 중단할 의무가 있다. 이스라엘은 동예루살렘 안쪽과 그 인근을 포함하여 팔레스타인 자치정부 영토에 짓고 있는 장벽 건설을 중단해야 한다. 또한 지어진 장벽을 해체하고 장벽에 의해 발생한 모든 손해를 보상해야 한다.

라말라 – 검문소의 목사

올리버 너크(Oliver Wnuck)*

"하나님께서 나를 팔레스타인 그리스도인으로 창조하신 이유가 있다. 나는 해외로 떠날 기회가 있었지만 이 나라에 남아 선함과 사랑, 가르침, 용서와 화해로써 악에 저항할 것이다. 내 삶의 목적은 이 땅에 있지 이 땅 밖에 있지 않다." – 아쉬라프

지난주 나는 예루살렘 구시가지에 있는 구세주루터교회(Lutheran Church of the Redeemer)에서 일하는 24세의 팔레스타인 목사 아쉬라프를 만났다. 우리는 구시가지의 분주한 일상과 여행객들, 상점들을 뒤로하고 구세주교회의 문을 지나 고요한 뜰로 들어갔다. 아쉬라프는 아라비안 커피를 대접해주었고 팔레스타인의 상황과 팔레스타인 그리스도인들이 일반적으로 경험하는 것들, 그리고 개인적인 이야기들을 들려주기 시작했다.

아쉬라프는 "나는 내 어머니의 자궁에서부터 점령을 경험하였다. 점령은 어디에나 있다. 불행히도 우리는 점령에 적응하고 있다"라고 말했

---

* 2010년 7월 – 10월 활동

점령되지 않는 신앙

다. 그는 1948년 이스라엘의 박해로부터 탈출했던 팔레스타인 그리스도인 난민 가정의 아들로 태어나 어린 시절을 라말라에서 보냈다. 아쉬라프는 점령 아래에 사는 팔레스타인 국민으로서, 그리고 뿌리 깊은 신앙을 물려받은 그리스도인으로서의 정체성을 갖고 태어났으며 살아왔다. 아쉬라프는 그리스도인 소수 공동체가 '사회의 소금으로서' 적극적인 활동을 하고 있음을 이야기했다. 그리스도인들은 병원과 학교 등 여러 시설들을 짓고 있고, 인권 침해에 맞서 전 세계에 목소리를 높이고 있다.

아쉬라프는 라말라에 살지만 예루살렘에서 일을 한다. 그래서 특히 검문 시스템과 이스라엘에서 일하는 팔레스타인 사람에게 가해지는 이동 제한의 영향을 많이 받는다. 심지어 웨스트뱅크를 여행할 때에도 제

에큐메니칼 동반자가 칼란디아 검문소를 통해 예루살렘에 들어가는 노동자들을 지켜보고 있다.

약이 많다. 매일 아침 그는 예루살렘 북부의 주요 검문소인 칼란디아(Qalandia) 검문소를 통과해야 한다. 검문소에서 걸리는 시간은 '1분에서 3시간 사이'로 예측 불가능하다. 매일 아침 수천 명의 팔레스타인 노동자들이 출근하기 위해 검문소에 모여들 때 상황은 특히 힘들어진다. 게다가 사람들은 검문소에서 굴욕적인 경험을 자주 당하곤 한다. 줄이 막히거나 너무 많은 사람들이 몰릴 때면 몇 시간씩 기다려야 하는 것은 물론이고 위협적인 심문과 검사, 고함치는 군인들, 모욕적인 말들을 겪어야 한다.

검문소를 통과하고 검사를 당해야 한다는 사실은 이미 자신의 정체성의 일부가 되었다고 아쉬라프는 말하였다. 그는 이것은 끝없이 힘겨운 일이지만, 이와 같은 힘겨움에는 목적이 있음을 느낀다고 이야기하였다.

> 검문소에 설 때면 내 안에 하나님께서 일하고 계심을 느낄 수 있다. 이것을 견뎌내는 힘을 얻는다. 하나님께서는 내 안에서 나를 도우시고 평화와 인내심을 주신다. 나에게서 증오를 막아 주시고 나의 일을 할 수 있게 도와주신다.

화를 내고 증오를 키워가는 대신 아쉬라프는 평화적인 방법으로 저항하기 위해 애쓰고 있다. 그는 폭력보다 더 강력한 무기인 교육과 정보를 사용한다. 기독교적인 비폭력 저항의 방법으로 악과 싸우기 위해 아쉬라프는 자치정부 내에서 교육의 수준을 높이고, 세계인들에게 이 상황을 알리며, 해외의 사람들이 이곳의 실상을 보게 하는 것이 중요하다고 판단하였다.

점령되지 않는 신앙

아쉬라프는 해외에서 일할 기회가 있었지만 "돈은 나에게 중요하지 않다. 내 삶의 목적은 나의 사람들이 살고 있는 이 땅에 있지 이 땅 밖에 있지 않다"라고 말하며 조국을 떠나는 것을 거부했다. 그는 팔레스타인 및 해외 교회에게는 팔레스타인 사람들의 자유와 정의를 향한 투쟁, 특히 많은 제한과 억압을 겪고 있는 청년들을 지원해야 할 특별한 소명이 있다는 소신을 밝히며 이렇게 말했다. "청년들은 지루한 삶을 살고 있고 일할 기회가 거의 없다. 교회는 그들이 희망을 찾고 자신을 둘러싼 불의를 극복할 수 있도록 도와야 한다."

팔레스타인 청년들을 돕기 위해 아쉬라프는 주로 유럽과 팔레스타인 자치정부 간 청년 교환 프로그램을 도입하였다. 이 프로그램의 목적은 사람들에게 팔레스타인의 상황에 대해 교육하고 알리는 데 있다. 아쉬라프는 교회에 '국제적 목소리'를 높여야 하는 특별한 책임이 있다고 보았고, 그리스도인들이 각자의 현장에서 이 상황에 대해 배우고 참여해야 한다고 주장하였다.

와서, 우리를 만나고 직접 보라. 이스라엘이 아니라 웨스트뱅크에 방문하라. 며칠 동안 팔레스타인 사람처럼 살아보고 우리의 고통을 공감하라. 예수 그리스도의 발자취를 따라 억눌린 자들과 함께 서라.

접근, 이동과 국제법

모든 사람은 국가의 경계 내에서 자유롭게 이동할 수 있으며 모든 나라에서 떠나거나 돌아올 권리를 갖는다 – 세계 인권 선언 13조 및 시민적 및 정치적 권리에 관한 국제규약 12조

이동은 인간의 기본 수요에 해당하는 의료, 교육, 정부시설에의 접근과 일터에의 접근, 사회적 문화적 관계 및 가족 간의 연결 유지 등을 위해 필요한 전제 조건이다. 이스라엘 정부에 의한 제한은 팔레스타인 사람들의 생활 대부분의 측면에 영향을 미치고, 국제법에 보장된 많은 기본권과 혜택을 침해한다. 예를 들어 의료 서비스(제네바 제4협약 16조, 56조)나 종교 시설(제네바 제4협약 27조, 헤이그 규칙 46조), 가족 구성원(제네바 제4협약 26조, 27조, 헤이그 규칙 46조)과 교육 시설(제네바 제4협약 50조)에 접근할 권리를 침해한다.

라말라와 근교의 그리스도인

알리시아 모레노(Alicia Moreno), 엘리 듀프비크(Eli Djupvik) & 마리아 델가도(Maria Delgado)*

역사적으로 라말라는 기독교 도시였다. 1948년 나크바(Nakba, 재앙)가 일어났을 때 난민들은 유대인 민병대의 박해를 피해 지금은 이스라엘 땅이 된 자파(Jaffa), 하이파(Haifa) 등 다른 여러 곳으로부터 이 도시로 도망쳐왔다. 라말라 사람들은 난민이 된 사람들을 위해 쉼터를 제공했고, 그 이후 라말라는 그리스도인과 무슬림이 조화롭게 살아가는 도시가 되었다. 현재 무슬림이 전체 인구의 80%로 다수를 점하고 있지만 팔레스타인 전 대통령 고 야세르 아라파트(Yaser Arafat)는 대통령령으로 웨스트뱅크 전역의 8개 기독교 도시 및 마을과 마찬가지로 라말라에서도 그리스도인 인구 비율과 상관없이 반드시 그리스도인이 시장직을 맡아야 한다고 정해 놓았다. 이는 이 공동체의 기독교적 유산과 특징을 보전하기 위함이었다.

우리는 기회가 생겨 라말라 시장이자 여성 그리스도인인 자네트 미카엘(Jannette Michael)을 만날 수 있었다. 그녀는 이곳의 무슬림-그리스도인 관계에는 아무런 문제가 없기 때문에 논의할 필요가 없다고 말했다.

---

* 2011년 4월 − 7월 활동

그것은 마치 프랑스인-프랑스인 관계에 대해 이야기하는 것과 마찬가지일 것이라고 했다. 대신 그녀는 팔레스타인의 국가 건설 계획에 초점을 맞추었고, 여기에서 단 한 가지 문제는 이스라엘의 점령이라고 말하였다. 이스라엘은 팔레스타인 사람들이 자신의 사유지에 기반시설을 건설하는 것을 막고 이 땅을 이스라엘 정착촌 확장을 위해 확보하려 하고 있다. 또한, 그녀는 팔레스타인의 물을 훔쳐 팔레스타인 사람들에게 말도 안 되게 높은 가격으로 되파는 이스라엘의 정책을 비판했다. 그리고 팔레스타인의 무슬림과 그리스도인들은 모두 자유를 위한 투쟁으로 연합하고 있다고 말하면서 자치정부가 취한 대담한 계획에 대해 언급하였다. 그 계획은 이스라엘이 정착촌 확장을 위해 사용하려고 하는 땅에 이스라엘의 허가 없이 쓰레기 폐기장, 하수 처리 시설, 시멘트 공장과 같은 건물을 짓는 것이다.

라말라의 기독교적 특성은 1948년 많은 수의 그리스도인 난민들이 들어오면서 더욱 강화되었다. 라말라의 토착 그리스도인 대부분은 해외와 주변 기독교 마을로 이주하였고 난민들이 그 자리를 대신하였다. 라말라 주변에는 5개의 기독교 마을이 있다. 5개 마을은 버제이트(Birzeit), 타이베(Tybeh), 아부드(Abud), 지프나(Jifna) 그리고 에인 아리크(ain Arik)이며, 우리는 버제이트와 타이베를 방문할 수 있었다.

버제이트에서 우리는 라틴 가톨릭 교회의 총대주교인 마누엘 무살람(Manuel Mussallam) 신부를 만났다. 그는 파테(Fateh) 정당의 국제관계 위원회에 소속된 기독교세계부의 장으로, 또한 팔레스타인 해방 기구의 예루살렘 및 성소 지원 이슬람-기독교 위원회의 위원으로서 활동하고 있다. 마누엘 주교는 가자지구에서 30년 이상 사제로 일했기 때문에 가

점령되지 않는 신앙

자지구 신분증을 갖고 있으며, 만약 고향인 버제이트에서 살고자 하면 허가를 받아야 한다. 이것은 이스라엘이 언제라도 그의 버제이트 거주 허가를 취소하고 가자지구로 돌려보낼 수 있음을 의미하는 것이다. 그는 점령으로 인해 팔레스타인의 그리스도인들이 겪어야 하는 지속적인 불안정과 위협 그리고 곤란에 대해 이야기하였다.

> 팔레스타인의 그리스도인들은 무슬림들이 마주하는 문제와 동일한 문제를 겪고 있다. 우리는 1948년 시오니스트들에 의해 함께 쫓겨나 함께 난민이 되었다. 우리는 함께 고통받으며 공통의 미래를 함께 소망하고 꿈꾸고 있다. 우리는 종교적으로 소수일지 몰라도 민족적으로는 그렇지 않다. 우리는 하나의 민족이다. 우리는 모두 팔레스타인 사람이며 아랍인이다. 우리는 하나의 언어, 하나의 역사, 하나의 땅을 가지며 영원히 함께 살아갈 것이다. 우리는 같은 운명과 같은 투쟁을 공유하고 있다. 팔레스타인 그리스도인들은 이스라엘과 이슬람 간 갈등에서 제3자가 아니다. 우리는 무슬림과 함께 하나의 국가 세력을 이루고 있으며, 이스라엘은 우리의 가장 기본적인 인권을 빼앗고 있는 또 하나의 세력이다. 이와 같이 분리될 수 없는 사랑의 관계 덕분에 팔레스타인의 그리스도인들은 다른 아랍 국가에 사는 그리스도인들보다 더 큰 안정감을 갖고 살아간다. 그리고 우리는 63년이 넘는 갈등의 역사 속에서도 연합의 힘으로 생존해왔다.

타이베에서 우리는 라틴 가톨릭 교구의 라에드 아부 사흐리에(Ra'ed Abu Sahlieh) 신부를 만났다. 그는 먼저 웨스트뱅크의 다른 모든 지역과 마찬가지로 타이베에서도 수많은 사람들이 자신들이 소유한 방대한 면적의 땅을 세 곳의 불법적인 이스라엘 정착촌(림모님 Rimmonim, 오프라 Ofra, 크호크하브 하샤하르 Khokhav HaShahar)에 빼앗겼다는 사실을 힘주어 말하였다. 팔레스타인 그리스도인들이 사유지로 갖고 있는 27,000두남의 땅 중에 농사를 짓고 살 수 있는 땅은 3,000두남에 불과하다. 나머지 땅은 C 구역으로 지정되어 이스라엘의 민정/군정 통제를 받고 있다. 따라서 타이베 사람들이 이 구역에 건축을 하는 경우, 당연히 철거 명령을 받게 된다. 이 정책의 목적은 이 지역 공동체의 사람들을 쥐어짜서 반투스탄으로 몰아넣고 향후 이 언덕 땅을 유대인만을 위한 정착촌으로 확장하려는 데 있다. 한때 이 시골 마을은 생계 수단으로 농업에 아주 많이 의존하였지만, 이제 마을 사람들은 고향 마을 대부분의 땅에서 더 이상 농사를 지을 수가 없게 되었다. 그래서 가족을 부양할 수입을 벌기 위한 다른 방법을 찾지 못한 많은 사람들이 이민을 갔다.

1960년대 초반 타이베 인구는 3,400명이었고 지금은 1,300명 정도이다. 이곳에서 가톨릭 교구는 이민을 막고 감소시키기 위한 목적으로 15개의 소규모 기업을 만들었다. 올리브 오일 압축, 올리브 나무 수공예품점, 비누 공장, 향료 공장, 도자기 공장, 건강 센터, 양로원, 게스트 하우스, 유치원, 학교 등이다. 이 기업들은 86개 가정에 일자리를 제공하였다. 라에드 신부는 말했다. "팔레스타인에서 그리스도인들의 상황은 다른 중동 국가에서의 삶보다 낫다. 이곳의 무슬림들은 이 땅을 모든 종교가 동등하게 공유해야 하는 땅이라고 이해하고 있기 때문이다. 다른 모든 팔레스타인인들과 마찬가지로 그리스도인들은 종교적 박해 때문에 이 땅을 떠나고 있는 것이 아니다. 그들은 점령에 의해 형성된 정치경제적 불안정성 때문에 떠난다. 사람들은 평범한 삶을 원한다. 직업, 교육, 그리고 자유를 원한다."

타이베 사람들은 1차 인티파다에 적극적으로 참여하였다. 타이베 여성 연합의 대표인 라자 바지르(Raja Basir)는 이렇게 이야기한다.

> 원하든 원하지 않든 우리는 결국 저항해야 한다. 나는 여성으로서, 그리스도인으로서, 팔레스타인 국민으로서 이곳의 한 부분이기 때문에 인티파다에 참여했다. 1차 인티파다 기간에 우리는 같은 폭력으로 고통당했고, 주변 대부분의 무슬림 마을보다 더 많이 점령군과 대립하였다. 그때 마을 사람들 중 5명은 이스라엘군에 의해 사망하였고 나의 여동생을 포함하여 수십 명이 부상을 당하고 체포되어 고문당했다. 내부적으로, 우리는 그리스도인으로서 우리도 적극적인 애국자임을 증명하고 싶었고 외부적으로는, 전 세계가 홀리랜드의 토착 그리스도인들이 점령에 저항하고 있다는 사실을 알기를 원했다.

라자는 자신의 세대는 자신들이 해야 할 일을 해왔다고 말하며 이제 여성 연합은 젊은 세대가 타이베의 비폭력 저항의 유산을 이어갈 수 있도록 지원하는 역할을 맡아야 한다고 말했다. 그녀는 이야기하였다.

> 2차 인티파다 동안, 우리는 비폭력 저항의 길을 계속 걸었고 지역 헌혈 운동을 펼쳤다. 예닌에서 대학살이 있었을 당시, 우리는 사람들에게 두 시간 이내에 헌혈을 해줄 것을 요청했다. 그러자 감당할 수 없을 정도로 많은 기증자들이 줄을 서서 헌혈을 하기도 했다. 가자지구에서 캐

스트 리드 작전이 있던 때에는 학생들이 물품(옷, 초, 통조림 음식 등)을 모으는 캠페인을 벌였는데 모아진 물자로 시청사가 꽉 찼었다. 우리는 이 물품들을 교회의 도움을 받아 가자지구로 옮길 수 있었다.

예루살렘 – 미친 도시에서의 부활주일

마델레인 맥기븐(Madeleine McGivern)*

2011년 부활주일에 팔레스타인 그리스도인 비스하라(Bishara)는 이렇게 말하였다. "우리는 더 이상 이곳을 홀리랜드라고 부르지 않는다. 우리는 이곳을 미친 도시라고 부른다."

부활절은 초콜릿 달걀과 봄비, 그리고 운이 좋다면 햇살과 함께 하는 절기이다. 은행의 휴일이 시작되고, 가족들은 함께 식사를 하며, 들판에는 어린 양들이 뛰어다니고, 아이들은 달걀 찾기 놀이를 한다. 그리고 그리스도인이라면, 일주일에 한 번이 아니라 매일이라도 교회에 가는 때이다. 올해에도 여느 해와 마찬가지로 전 세계의 많은 그리스도인들이 무리를 지어 예루살렘을 방문해 부활절을 함께 축하하였다. 부활이 일어난 성스러운 도시에서 부활절을 보내는 것은 정말 큰 특권이다. 이 시기는 여행사들에게 있어서 최고의 성수기이며, 상점마다 '특별가' 판매가 진행된다. 여행자들의 우산을 피하며 구시가지를 거니는 것이 하나의 놀이가 될 정도이다.

그리고 팔레스타인 그리스도인들에게는 그들이 태어난 땅인 예루살

* 2011년 4월 – 7월 활동

렘에서 종교적 축제를 경험할 수 있는 기회가 된다. 그런데 정말 그럴까?

팔레스타인 그리스도인이자 정비사인 비스하라(Bishara)는 여행사에서 일하는 사미아(Samiya)와 결혼했다. 그들에게는 두 명의 어린 자녀가 있으며, 예루살렘 구시가에서 살고 있다. 이곳에는 무슬림, 유대인, 아르메니아인, 그리고 그리스도인 구역이 있다. 철거 명령이 내려진 그의 집은 그리스도인들이 부활절 축하를 위해 주로 찾아오는 장소인 성묘교회에서 5분 거리에 위치하고 있다. 비스하라는 성토요일을 맞아 성묘교회에 들어가려 했지만, 이스라엘 경찰이 그를 막아섰다. 구시가지 전체가 임시 검문소, 장벽, 그리고 성직자 숫자보다 훨씬 많은 경찰들로 봉쇄되었고, 팔레스타인 그리스도인들에게는 자유롭게 예배드릴 권리가 금지되었다. 군인들은 "당신은 오늘 여기 들어갈 수 없다"라는 짧은 설명과 함께 집으로 돌아가라고 명령했다.

아이러니하게도, 비스하라는 이곳에 살고 있다는 이유 덕분에 예루살렘으로 들어갈 수 있는 운 좋은 팔레스타인 사람 중 하나이다. 올해에는 유대인들의 페샤크(Pesach, 유월절) 시기가 부활절과 겹쳤다. 페샤크 기간 동안 예루살렘과 웨스트뱅크의 검문소를 담당하는 군인들과 국경 경찰, 예루살렘 경찰들은 휴가 기간을 갖는다. 이 때문에 일주일 동안 웨스트뱅크는 군사적으로 폐쇄되었고 웨스트뱅크와 예루살렘 사이의 검문소에서는 예루살렘에 살지 않는 모든 팔레스타인 사람들의 출입을 막았다. 웨스트뱅크의 이스라엘 정착민들은 평소와 같이 예루살렘과 다른 이스라엘 구역에 접근할 수 있었지만, 팔레스타인 그리스도인들에게는 예배드릴 권리가 부정되었다.

이 시기, 예루살렘에서 일하거나 공부할 수 있는 허가를 받은 웨스트

점령되지 않는 신앙

뱅크의 팔레스타인인들은 직장과 학교에 갈 수 없었다. 사업장과 학교가 문을 열었다면, 가혹하지만 결근 및 결석 처리되는 것이다. 웨스트뱅크에 사는 대략 15,000명의 팔레스타인 그리스도인들이 예루살렘의 성소에서 예배를 드리기 위해 허가를 신청했지만 3,500명 만이 허가받을 수 있었다(예루살렘 교회부 통계). 반면 유대인의 경우는 어떤 경우에도 예루살렘의 성소에 들어가기 위해 허가를 받아야 했던 적은 없다.

에큐메니칼 동반자로서 우리는 성탄절에는 검문소와 성소, 그리스도인 구역에서 팔레스타인 사람들에게 또 어떤 제재가 가해지는지 지켜보았다. 평화롭고 영적이며 축하하는 분위기로 가득해야 할 이때에 중무장한 수많은 경찰들로 인해 불안감과 긴장감이 일어났다. 심지어 비스하라와 그의 친구들은 다른 팔레스타인 그리스도인들과 마찬가지로 예루살렘에서 예배드릴 권리를 빼앗겼다. 제네바 제4협약 27조는 "민간인들은 모든 경우에 있어서 그들의 신체, 명예, 가족권, 신앙, 종교상의 관습 및 풍속을 존중받을 권리가 있다"고 명시되어 있고, 헤이그 규칙 46조는 "종교시설에의 접근"은 보호되어야 할 권리라고 규정하고 있다. 그러나 이스라엘 당국은 일년 중 그리스도인들에게 가장 중요한 때인 부활절과 성탄절에조차도 이러한 국제법 조항들을 무시했다.

에큐메니칼 동반자 프로그램은 2002년 예루살렘 교회부의 요청으로 시작되었다. 그러나 이 프로그램이 10년 이상 계속되었음에도 불구하고, 이곳 그리스도인들은 여전히 직장에 출근하고 학교에 출석할 수 있는 지극히 평범한 삶을 살기 위해 외부의 도움을 필요로 하고 있을 뿐 아니라 예배조차도 각종 정책과 감시 등으로 엄격히 제한 받고 있다.

지금은 유월절과 부활절이 지나고 모든 것이 '일상'으로 돌아왔다. 매일 수천 명의 사람들은 직장과 병원에 가기 위해 검문소를 통과해야 하고, 팔레스타인 농부들은 군인들이 문을 열어 자신들의 농장에 들어가게 해주기를 기다려야 한다. 이것이 '일상'이다. 아이들은 학교에 가기 위해 자동 소총으로 무장한 남자들에게 출생증명서를 보여줘야 하고 가족들은 문 앞에 퇴거나 철거를 요구하는 정착민 혹은 불도저가 와 있을 수 있는 매일의 위협 속에서 살아야 하는 '일상'이다.

부활절 메시지의 핵심은 희망과 용서이다. 그러나 이 미친 도시에서는 희망과 용서를 찾아보기 힘들다. 여기 홀리랜드, 거룩한 땅에서 진정한 의미의 일상이 회복되기 위해서는 희망과 용서가 필요하다.

예배의 자유와 국제법

이스라엘은 1966년 발표된 경제, 사회, 문화적 권리에 대한 국제 협약을 비준하였다. 이 협약은 '모든 사람은 사상, 양심 및 종교의 자유에 대한 권리를 가진다. 이러한 권리는 스스로 선택하는 종교나 신념을 가지거나 받아들일 자유와 단독으로 또는 다른 사람과 공동으로, 공적 또는 사적으로 예배, 의식, 행사 및 선교를 통해서 자신의 종교나 신념을 표명할 자유를 포함한다'고 명시되어 있다.

공공의 질서 유지를 위해 필수불가결한 조치가 아님에도 불구하고 종교 시설에의 접근을 막는 것은 헤이그 규칙 46조, 제네바 제4협약 58조, 제네바협약 제1추가의정서 75조에서 보장하는 팔레스타인 국민의 종교와 예배의 자유를 침해한다.

점령되지 않는 신앙

이스라엘 군대에 의한 C구역 주택 철거 문제

주데 아부 사드(Judeh Abu Sa'd), 폴 레이몬드(Paul Raymond) & 나데르 무아드디(Nader Muaddi)*

푸아드(Fuad)와 미란다 제이단(Miranda Zeidan)은 베이트 잘라의 기독교 마을 출신이다. 2011년 12월 13일 아침 7시, 그들은 친구로부터 이스라엘 경찰들이 베이트 잘라의 알 마크흐루르(Al-Makhrour) 구역에 있는 그들의 집을 둘러싸고 있고 현장에 불도저가 와있다는 연락을 받았다.

제이단 가족은 당시 그 집에 살고 있지 않았다. 이 구역을 담당하는 이스라엘 점령 경찰들 때문에 그곳에서 살기가 너무나 힘들었기 때문이다. 그들은 두 아들과 세 딸과 함께 베이트 잘라 중심부에 거주하면서, 때때로 가족 모임을 갖거나 휴가를 즐기기 위해 알 마크흐루르 구역의 집을 이용해 왔다.

제이단 가족이 그들의 집에 도착했을 때는 이미 철거가 진행되고 있었다. 그들은 철거 명령을 받은 적이 없기 때문에 법원에 소송을 제기할 기회조차 얻을 수 없었다고 한다. 미란다는 말했다. "우리는 정당하게 이 땅을 소유하고 있고, 필요한 모든 법적 증거를 가지고 있다. 그들은 우리로 하여금 집을 떠나 살게 만든 후 집을 철거하였다."

---

* EAPPI 현장 책임자, 커뮤니케이션 담당자 & 변호인

그 날 아침 철거된 집은 제이단 가족의 집만은 아니었다. 근처의 또 다른 그리스도인 가족인 칼리리아스(Khalilias)와 무슬림 이웃인 아부 오데흐(Abu Odeh)의 집도 그날 아침 철거되었다.

몇백 미터 떨어진 곳에 위치한 불법 이스라엘 정착촌 길로(Gilo)와 하르 길로(Har Gilo)에는 이스라엘인들이 수영장과 호사스러운 정원을 갖춘 현대식 주택에서 살고 있다. 이 정착촌들은 베이트 잘라에 있는 팔레스타인 사람들의 사유지 위에 건설된 것이며 빠른 속도로 확장되고 있다.

알 마크흐루르는 1995년 이스라엘과 팔레스타인 당국 간 협상을 통해 C 구역으로 지정된 웨스트뱅크 지역 내에 위치한다. 이스라엘은 웨스트뱅크의 2/3에 달하는 이 구역에서 치안과 배치, 구획에 대한 완전한 통제권을 갖고 있다. 팔레스타인 당국은 주로 팔레스타인 도시로 구성

제리에스 제이단이 철거된 그의 집 돌무더기에서 쓸 수 있는 물건들을 찾고 있다.

점령되지 않는 신앙

된 A 구역과 B 구역에서 제한된 통제권을 갖고 있을 뿐이다.

C 구역은 이스라엘 주권에 속한 곳이 아니기 때문에 이곳의 통치권은 점차적으로 팔레스타인 정부에 이양되어야 했다. 그러나 이스라엘 당국은 오히려 이 구역에 대한 통제를 강화하고 있다. 이스라엘은 이 구역 대부분의 땅을 이스라엘 군사 훈련 혹은 정착촌 확장을 위해 사용하려 하고 있다. 이스라엘 정착민들의 폭력 또한 팔레스타인인들의 목장 출입을 어렵게 만드는 원인 중 하나이다. 정착민들에 의한 공격은 주로 C 구역에서 발생하고 있다.

군사 당국은 팔레스타인 사람들의 건축을 극도로 제한한다. 현재 약 300,000명의 정착민들이 C 구역의 불법 정착촌에 거주하고 있으며, 팔레스타인 사람들에게 허용된 땅은 이 구역의 1%도 되지 않는다. 팔레스타인 사람들이 건축 허가를 받아 이곳에 사는 것은 거의 불가능하다. 군사 명령에 저항하여 건물을 지었다가 강제 철거당하는 사례가 매우 빈번하다.

유엔에 의하면, 2011년 상반기에 이스라엘 당국은 C 구역에서 팔레스타인 사람들이 소유한 342채의 건축물을 철거하였다. 이로 인해 656명의 사람들이 집을 잃었다. 철거된 건물 중에는 유럽연합과 미국국제개발청의 기금으로 지어진 건물들도 많이 있었다. 주택뿐만 아니라 수십 개의 동물보호소와 20곳의 빗물 수조도 철거되었으며, 아직 집행되지 않은 3,000건 이상의 철거 명령 중에는 18개의 학교도 포함되어 있다.

최근 유엔 인도주의 업무 조정국에서 조사한 바에 의하면, C 구역 13개 가정 중 10개 가정은 '이 땅에서 시행되는 정책과 관행으로 인해 기본적 필요를 채울 수 없고 존재를 유지하기도 힘들기 때문에' 이곳을 떠났다고 한다. 어떤 분석가들은 이에 대해 팔레스타인 사람들이 C 구역을 떠나도록 압박하여 그들을 A 구역과 B 구역으로 '은근슬쩍 이주시키려는' 이스라엘의 야심 찬 전략이라고 설명하였다.

　웨스트뱅크의 지도에서 이를 뒷받침하는 여러 근거를 찾아볼 수 있다. C 구역은 요르단 계곡의 거의 대부분을 포함한다. 이곳은 풍부한 수자원을 가진 웨스트뱅크와 요르단 사이의 전략적 완충 지대이다.

　C 구역은 영토의 북쪽과 남쪽, 그리고 A 구역과 B 구역의 섬들을 연결하는 역할을 한다. C 구역이 없으면, 웨스트뱅크의 팔레스타인 국가는 이스라엘이 다스리는 영토에서 분리된 몇 개의 시로만 이루어진 작은

미란다 제이단이 폐허가 된 그녀의 집을 보며 충격에 빠져있다.

　　　　　　　　　　　　　　　　　　　점령되지 않는 신앙

나라가 되고 만다.

"이스라엘은 C 구역에 대한 이러한 계획을 승인받기 위한 작업에 박차를 가할 것이다." 유럽 고위 외교관인 크리스티안 베르거(Christian Berger)는 "이스라엘은 경제적으로 더 유용하게 활용될 수 있도록 C 구역의 일정 영역을 팔레스타인 당국에 넘겨야 한다"라고 주장하였다.

몇몇 이스라엘 정치인들이 C 구역 합병을 주장하고 있지만, 다행히도 가까운 미래에 이런 일이 일어날 것 같지는 않다. 그러나 그들이 팔레스타인 사람들이 떠나도록 압박하고 있다는 것은 명백하다. 이곳에 남아 있는 사람들은 이런 압박 속에서 웨스트뱅크의 다른 지역과 격리된 채 목동으로, 자급자족하는 농부로 힘겹게 살아가고 있다.

은근슬쩍 추진되고 있는 이스라엘의 C 구역 인수로 인해 양국 간의 갈등은 걷잡을 수 없는 상황으로 치달을 수도 있다. 이는 팔레스타인 정부의 건축 계획을 위협하고 팔레스타인의 독자 생존을 기대하기 어렵게 만들기 때문이다. 에큐메니칼 동반자 프로그램은 정책 입안자들과 국제 후원자들에게 C 구역에서 팔레스타인의 경제적 생활을 증진시키는 계획을 지원해줄 것과 이스라엘의 차별적 계획과 물과 토지에 대한 접근 제재 정책들을 규탄해줄 것을 요청하고 있다. 그리고 이스라엘 정부가 팔레스타인 사람들의 주택에 대한 철거를 중단하고 팔레스타인 개인 소유의 건축물에 대한 모든 철거 계획을 철회할 것을 요구하고 있다.

차를 잘못 탔다

라이프 다흘린(Leif Dahlin)*

나는 베들레헴 시청에서 조지 사데(George Sa'adeh) 부시장을 만났다. 그는 따뜻한 커피 한 잔을 권하면서 자신이 겪은 이야기를 들려주었다. 2003년 3월의 어느 아침, 그는 아내와 두 딸, 15살의 마리안느(Marianne) 그리고 10살의 크리스틴(Christine)과 함께 베들레헴에서 쇼핑을 하기 위해 차를 타고 길을 나섰다. 길을 가던 중, 그들은 세 대의 이스라엘 군용 트럭을 지나치게 되었다.

그런데 갑자기 군인들이 조지의 가족에게 총을 쏘아대기 시작했다. 30여 발의 총알로 차는 찢어졌고, 조지는 등과 배 등 아홉 군데에 총상을 입었으며, 마리는 무릎에, 뒷좌석에서 책을 읽고 있던 크리스틴은 머리에 총을 맞았다. 크리스틴은 그 자리에서 사망하였다. 그들을 향해 총을 쐈던 군인들은 자신들이 실수를 저질렀음을 알아차리고 구급차를 부른 후 조지의 차로 다가왔다. 구급차가 도착하였고 그들을 태워 베들레헴 검문소로 향했다. 검문소에서 그들은 하다사(Hadassah) 병원으로 가는 이스라엘 구급차로 옮겨 타기 위해 대기해야 했다.

---

* 2009년 7월 - 10월 활동

점령되지 않는 신앙

조지와 마리안느의 외상은 치료되었지만, 크리스틴을 잃은 슬픔을 극복하고 내적으로 치유되는 데는 오랜 시간이 걸렸다. 베들레헴의 많은 사람들이 이 가족이 겪은 고통에 대해 알게 되면서 30,000명 이상의 사람들이 크리스틴의 장례식에 참석하였다.

한 달 후, 조지는 한 이스라엘 남자로부터 '부모 모임'에 초대한다는 전화를 한 통 받았다. 이 부모 모임은 군사적 충돌로 사랑하는 사람을 잃은 이스라엘과 팔레스타인의 가족들이 모이는 포럼이다. 그는 가족과 함께 포럼에 참석하였고, 그 후 정기적으로 부모 모임에 참여하고 있다. 우리는 그에게 모임에서 이스라엘 가족들을 만났을 때 어떤 기분이 들었는지 물었고, 그는 이렇게 대답하였다:

처음에는 이상했다. 하지만 서로에 대해 알게 되고 모두가 사랑하는 사람을 잃은 고통을 겪고 있다는 사실을 이해하게 되면서 깊은 연대를 맺고 잘 극복할 수 있도록 서로 도울 수 있었다. 나는 이스라엘 사람을 싫어하지 않는다. 나는 점령을 싫어한다. 문제가 되는 것은 점령이다. 점령은 종식되어야 하고 정의로운 평화와 상호 존중이 자리 잡아야 한다. 정의 없이는 평화가 있을 수 없다. 장벽은 없어져야 하고, 우리는 서로 만나 서로를 신뢰하는 법을 배워야 한다. 점령은 빨리 끝나야 한다. 점령은 너무 오래 계속되어 왔다. 그리스도인으로서 나는 용서할 준비가 되어 있지만, 점령은 반드시 종식되어야 하고 모두를 위한 정의와 평등이 확립되어야 한다.

이스라엘군이 그들을 향해 총을 쏜 이유를 알고 있는지 물었고, 그는 대답했다. "이스라엘 군인들은 처음에는 우리가 그들의 차를 치려고 했다고 주장했다. 그러나 현장에는 많은 목격자가 있었고 그들의 주장은 터무니없었다. 사실 군인들은 그때 수배 중인 2명의 남자를 죽이려 하고 있었고, 내 차가 그들의 차와 완벽히 똑같은 차였다고 한다. 설령 그것이 사실이라 하더라도, 암살과 주택가 내에서의 총격전은 국제법에 위반된다."

그가 이스라엘군으로부터 받은 유일한 공식적인 반응은 '그 사고는 실수였고 전쟁 중에는 그런 일이 종종 발생하곤 한다'는 것이었다. 그러나 그는 이에 반박한다. "여기에 전쟁은 없다. 이것은 점령이고 국제법에 따르면 이스라엘군은 우리의 안전을 지킬 책임이 있다. 그들의 의무는 우리를 보호하는 것이지, 우리를 죽이는 것이 아니다."

그는 이스라엘 법원에 소송을 제기했지만, 5년 후 소송은 기각되었다. 지금 그는 대법원의 판결을 기다리고 있다. 조지는 말한다. "나는 계속 희망을 갖고 살아갈 것이다."

2차 인티파다 당시 희생자(사망, 부상, 수감) 통계

비영리단체 '미국인들이 알고 있다면(If Americans Knew)'에 따르면, 2000년 9월 29일부터 2011년 6월 3일까지 사망한 팔레스타인 사람의 숫자는 6,340명으로 그중에는 1,463명의 아이들이 포함되어 있다. 사망한 이스라엘 사람의 숫자는 1,084명이고 그중 아이들은 124명이다. 또한 이 시기 동안 발생한 충돌로 인해 45,041명의 팔레스타인인과 9,226

점령되지 않는 신앙

명의 이스라엘인이 부상을 당했다. 2011년 1월 1일 현재, 이스라엘 감옥에 정치범으로 수감된 팔레스타인인은 5,935명이고, 팔레스타인에는 1명의 이스라엘인이 수감되어 있다.

더 이상 팔레스타인인이 아니다

나데르 무아드디(Nader Muaddi)*

존(John)은 미국의 펜실베니아 주 필라델피아의 교외에서 네 아들 중 막내인 나심(Naseem)과 함께 자동차 시트 판매점을 운영하고 있다. 나심은 가족의 사업을 이어가기 위해 훈련을 받는 중이다. 아버지와 아들은 이곳저곳을 다니며 클래식한 고급 차와 현대적인 스포츠카부터, 때로는 쾌속정이나 오토바이까지 수리하고 개조하는 일을 한다. 존은 35년 이상 자동차 시트 사업을 해왔고 지금 62세이다. 그는 무일푼으로 시작하여 일궈놓은 자신의 사업에 대해, 그리고 솜씨 좋은 아들이 3개 주의 자동차 애호가들 사이에서 높은 명성을 얻고 있는 것에 대해 매우 자랑스러워 한다. 이제 그는 빨리 은퇴를 하고 고향으로 돌아가 아버지의 올리브밭을 관리하며 친척들, 어린 시절 친구들과 여생을 보내고 싶어 한다. 그러나 그럴 수가 없다.

존은 1971년, 그의 나이 23세 때 미국으로 이민 온 팔레스타인 그리스도인이다. 그는 이야기하였다.

---

* EAPPI 변호인

나는 젊었고, 당시 미국에 사는 두 명의 형제들이 있었다. 나는 팔레스타인에 남아있는 아버지의 막내아들로 그곳에서 아버지의 일을 돕고 싶었기 때문에 이민을 원하지 않았다. 그래서 고등학교를 마친 후, 가족이 운영하던 농장과 아버지가 하시던 채석장에서 일하며 우리가 처한 어려운 시기를 살아나갈 방법을 찾기 위해 노력하였다. 그러나 상황은 너무나 불안정하였다. 1967년 전쟁이 막 끝났는데, 1973년, 새로운 전쟁이 시작될 기미가 보이기 시작했다. 내가 사랑하는 그 땅에 희망적인 미래가 없음이 명백해졌다. 당시에는 해외에 친척이 있는 사람들은 누구나 해외로 갔다가 다시 돌아오곤 하였다. 아버지는 내가 아버지 때문에 팔레스타인에 머무르고 있다는 사실을 알고 있었다. 아버지는 떠나라고 말했고, 나는 떠났다. 아버지는 내가 남아있을 경우 너무나 많은 기회를 포기해야 한다고 생각했고, 많은 친척과 친구로부터 돈을 빌려 모아서 나에게 비행기 티켓과 50불의 용돈을 주었다.

나는 그에게 떠나던 당시의 기분이 어땠는지 물었고, 그는 말하였다.

나는 돌아올 것을 알고 있었다. 아니 당연히 돌아올 수 있으리라고 생각했다. 나는 친구들에게 3년에서 5년 동안만 떠나 있을 것이고, 돈을 벌어 돌아와 집을 짓고, 사업을 시작하고, 결혼할 것이라고 약속했다. 어리석고 순진하게도, 내가 떠난 의도는 정말 그랬다. 미국으로 떠나기 위해 국경을 통과할 때, 나는 내 신분증을 통행증이나 여행 증명서로 교환해야 한다는 말을 들었다. 처음에는 원하지 않았지만, 그들은 그렇게 하는 것이 이곳을 떠날 수 있는 유일한 방법이고, 다른 사람들도 다똑같이 해야 한다고 말했다. 나는 그 절차를 그저 일상적인 정책으로 여겼다.

존이 일상적인 정책이라 여겼던 그 정책은 사실 이스라엘이 웨스트뱅크의 14만 팔레스타인 사람들의 거주 자격을 취소시키기 위해 사용했던 은밀한 절차였음이 최근 드러났다. 이 정책을 상세히 설명한 문서가 최근 이스라엘 인권보호단체 하모케드(Hamoked)에 의해 발견되었고, 2011년 5월 하레츠(Haaretz) 뉴스 대행사에 의해 공개되었다. 이 문서에 의하면, 이러한 절차는 1967년에서 1994년 사이 해외로 이동하는 웨스트뱅크의 팔레스타인 거주자들을 대상으로 시행되었다. 웨스트뱅크에 대한 점령이 시작된 때부터 오슬로 협정으로 기뻐하던 때까지의 기간이다. 해외로 이동하려는 팔레스타인 사람들은 자신의 신분증을 국경을 건널 수 있는 통행증이나 여행 증명서로 교환해야 했다. 이 카드는 3년간 유효하고 3회까지 갱신될 수 있는데, 갱신될 때 마다 1년씩 연장되었다. 6개월 안에 돌아오지 않을 경우 카드의 효력은 만료되고, 그 또는 그녀에 대한 서류는 지역의 인구 조사 관리자에게 보내졌다. 제때에 돌아오지 못한 거주자들은 NLRs(No Longer Residents 더 이상 거주자 아님)로 등록되었다. 이 문서는 팔레스타인 사람들이 이 절차로 인해 겪게 될 문제에 대한 어떤 경고나 정보도 언급하고 있지 않다.

존은 그가 처음 NLR이 되었을 때를 이렇게 회상하였다.

나는 1977년 여름, 결혼을 하고 정착하기 위해 팔레스타인으로 돌아왔다. 국경에 도착했을 때, 군인은 나에게 여권이 있는지 물었고, 나는

점령되지 않는 신앙

미국 여권을 보여주었다. 군인은 여권을 본 후 3개월 여행 비자 도장을 찍어주었다. 그래서 나는 그에게 오해가 있는 것 같다고, 나는 여행자가 아니라 팔레스타인 사람이라고 이야기하였다. 나는 웨스트뱅크에서 태어났고 내 인생 대부분의 삶을 이곳에 살았으며 여기에 신분증을 남겼고, 그 신분증을 돌려받기로 했었다고 설명했다. 그러나 군인은 대답했다. "당신은 더 이상 팔레스타인인이 아니다." 그리고 그는 내 앞으로 여권을 밀어놓으면서 이스라엘에 온 것을 환영한다고 말하였다. 나는 충격을 받고 당황하였다. 당시 나는 그 군인이 멍청한 실수를 하였고, 내가 그것을 바로잡을 수 있으리라고 확신했었다. 그러나, 타이베에 도착했을 때 당시 팔레스타인을 떠났던 사람들은 모두 더 이상 팔레스타인 사람이 아님을 알게 되었다.

이스라엘 중앙통계청에 의하면, 1994년 웨스트뱅크의 팔레스타인 인구는 105만 명이었다. 그 정책이 없었다면 이보다 14% 이상 더 많았을 것이다. 지금도 비슷한 절차가 이스라엘 신분증을 가진 동예루살렘의 거주자들에게 적용되고 있고, 7년간 해외에 머물 경우, 그들은 돌아올 권리를 잃게 된다. 자신이 '더 이상 거주자가 아닌' 신분임을 알게 된 팔레스타인 사람들 중에는 외국 대학을 나온 학생들, 해외에서 일을 하는 사업가나 노동자들이 있다. 그들은 가정을 꾸렸고 자녀를 낳았다. 몇몇이 사망했다 하더라도 그들의 숫자는 아마도 수십만 명은 족히 될 것이다.

지난날을 회고하며, 존은 말했다. "나는 이스라엘이 나의 팔레스타인 신분을 취소시킨 의도를 이해할 수 없다. 나는 라말라의 바로 북동쪽에 있는 작은 마을인 타이베 출신이다. 그곳은 향후 팔레스타인 국가의 지역이 될 것이 확실한 곳이다. 이스라엘이 타이베를 팔레스타인 영토로 내어주고 싶어하지 않는 것이라면, 그 의도를 어느 정도 알 수 있겠다."

타이베는 1,400명의 거주민과 9,000명 이상의 디아스포라 공동체로 구성된 작은 기독교 마을이다. 모든 웨스트뱅크 지역이 이 정책의 영향을 받았지만, 특별히 웨스트뱅크의 기독교 마을에서는 이런 극단적인 상황이 더욱더 빈번하게 발생했다. 베이트 잘라, 베들레헴, 베이트 사훌, 라피디야, 버제이트, 아부드, 지프나, 아인 아리크, 자바브데 등 팔레스타인 그리스도인들이 이주 공동체를 구성한 마을들에서 그러했다.

존은 덧붙여 말하였다. "나는 매년 나의 고향을 방문한다. 두 명의 학교 친구들 외에는 모두 이민을 가서 돌아오지 못했다. 이 정책은 타이베를 죽였다. 이 정책 때문에 나의 가족과 친구들은 타이베보다 미국에 더 많이 살고 있다. 한편, 나의 두 아들은 웨스트뱅크에 있는 국제인권단체에서 일하고 있다. 한 아들은 그곳에서 4년 넘게 일하고 있는데, 미국 국적을 그대로 유지하고 있다. 이스라엘은 어떻게 이런 엉터리 정책을 만들어낼 수 있는가? 이스라엘은 이 정책으로 피해를 입은 모든 팔레스타인 사람들과 그 자손들에게 그들이 불법적으로 빼앗은 신분을 되돌려주어야 한다. 누가 팔레스타인 사람인지 아닌지 결정할 권한이 어떻게 이스라엘에게 있단 말인가? 나에 대해 증명할 종잇조각이 있든 없든 나는 내가 가는 모든 곳에서 나의 존재 자체로 이미 내가 팔레스타인 사람임을 드러내고 있다."

점령되지 않는 신앙

예루살렘에 들어갈 수 없는 예루살렘 주교

나데르 무아드디(Nader Muaddi)*

대부분의 팔레스타인 사람들은 이스라엘에 의해 동예루살렘에 들어가는 것을 제한당한다. 동예루살렘은 팔레스타인 자치정부의 영토로 이스라엘은 이곳을 2000년 후반부터 불법적으로 합병해왔다. 이 성시에 들어갈 수 있는 특별 허가를 받는 극소수의 사람들은 예루살렘에서 일하거나 예루살렘 거주자와 결혼을 한 사람들이다. 2000년 후반까지는 예루살렘 거주자와 결혼을 한 사람들도 가족이 함께 살 수 있는 허가를 받기 어려웠다.

예루살렘에서 일하는 팔레스타인 사람들은 예루살렘 통행 과정에 대해 종종 불만의 목소리를 높인다. 그들은 매일 아침 특정한 시간대에만 예루살렘에 들어갈 허가를 받을 수 있기 때문에 출근 시간대의 예루살렘 통행로는 상당히 혼잡해진다. 때때로 사람들은 그들을 '안보 위협 인물'로 여기는 잘못된 처분 때문에, 또는 어떤 정당한 사유도 없이 허가 갱신을 거부당함으로써 결과적으로 직업을 잃게 된다. 이런 일을 겪는 팔레스타인 사람들은 보통 건설이나 공장 노동자이다. 그런데 성공회 예

* EAPPI 변호인

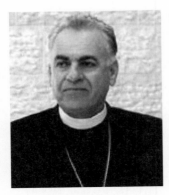

성공회 예루살렘교구 주교이자 교구
장 수헤일 다와니(Suheil Dawani)주교

루살렘교구 주교이자 교구장인 수헤일 다와니 주교에게도 예루살렘에서의 '일시적 거주 지위' 갱신을 거부당하는 일이 발생하였다.

다와니 주교는 예루살렘에 있는 두 명의 팔레스타인 주교 중 한 명으로 2007년 예루살렘 교구의 주교로 선출되었고 이스라엘 국가에 의해 교구장으로 인정받았다. 이는 1970년, 예루살렘 교구를 이스라엘에서 공인받은 13개 성공회 교회 중 하나로 인정한 결정에 따른 것이다. 이스라엘 시민권을 갖고 있지 않은 예루살렘 교구의 성공회 주교들은 모두 거주지와 교구 사무실, 그리고 교회가 위치한 예루살렘에 살기 위해 A5 거주권을 받아왔다.

다와니 주교와 그의 가족들은 2008년과 2009년에는 아무 문제 없이 거주권을 갱신받았다. 그런데 2010년 8월 24일, 거주권 갱신을 신청했을 때, 내무부에서는 그에게 미결로 남아있는 혐의가 있기 때문에 그와 그의 가족의 거주권은 갱신될 수 없다는 사실을 서면으로 통지했다. 그 문서에는 히브리어로 이렇게 쓰여있었다. "수헤일 주교는 팔레스타인 자치정부와 연합하여 유대인 소유의 땅을 팔레스타인인에게 넘기려 했으며, 유대인의 땅을 교회의 이름으로 등기하는 것을 협조하였음." 그리고 그가 문서를 위조했다는 혐의도 덧붙여져 있었다. 또한 그와 그의 가족에게 즉시 이 땅을 떠날 것을 명령하는 내용도 들어있었다.

다와니 신부는 이 모든 혐의를 인정할 수 없음을 이스라엘 내무부에

항의하고 그의 교구에서 계속 시무할 수 있도록 그와 그의 가족의 거주권을 회복하여 줄 것을 요구하는 편지를 썼다. 그러나 다와니 주교는 내무부 담당자로부터 어떠한 대답도 듣지 못하였다. 그는 또 다른 편지를 통해 자신의 혐의에 대해 문제를 제기하며 혐의를 증명할 문서나 증거를 요구하였다. 이스라엘 당국은 다와니 주교에게 씌운 혐의를 입증할 어떤 증거도 내놓지 못했다.

처음에 다와니 주교는 이 사건을 조용히 해결하려 하였고 대외적으로 알리지 않았다. 교계와 외교계 채널을 통해 은밀히 도움을 받고자 했다. 성공회 공동체의 영적 지도자이자 영국 여왕의 교회 대표인 캔터베리(Canterbury) 대주교는 이 문제를 해결하기 위해 이스라엘 수상과 수석 랍비 슈로모 아마르(Shlomo Amar)의 집무실에 연락을 취하였다. 또한 다와니 신부는 자신과 성공회의 좋은 친구인 수석 랍비를 개인적으로 만나기도 하였고, 랍비는 주교의 거주권 회복을 위해 즉각 행동을 취하였다. 캔터베리 대주교는 이 상황이 즉시 해결될 것이라는 확답을 받았다. 미국의 의장 주교와 워싱턴 교구 주교, 전 세계 성공회 공동체의 대주교들을 포함하여 많은 성공회 지도자들이 개인적, 집단적 방법으로 이스라엘 당국에 영향력을 행사하였지만, 성공을 거두지 못하였다.

영국 외무장관, 이스라엘 주재 영국 대사, 예루살렘 주재 영국 총영사, 미 국무부, 예루살렘 주재 미국 총영사 등이 외교적 노력을 통해 다와니 주교를 지원하고 이스라엘 당국과 지속적인 연락을 취하였지만, 실제적인 결과를 얻지는 못하였다. 많은 노력에도 불구하고, 그의 혐의에 대한 증거는 제출되지 않았고, 그의 거주권은 회복되지 않았다.

다와니 주교는 이스라엘 정부에 난처한 상황을 만들지 않기 위해 노력하며 신중하게 이 일을 해결하고자 하였다. 그러나 위에서 언급한 모든 노력에도 불구하고 해결될 기미가 보이지 않자, 다와니 주교는 법정을 찾기로 결정하였다. 다와니 주교의 변호사는 이스라엘 법무장관에게 거주권 거부 근거가 된 혐의에 대하여 설명할 것을 요구하는 서신을 보냈다. 한 달 후 법무장관은 혐의에 대해서는 어떠한 설명도 없이 이 문제를 법정에서 해결할 것을 제안하였고, 다와니 주교는 이스라엘 사법 체계 안에서 법정 소송을 통해 이 문제를 시정하기로 결정하였다.

다와니 주교는 2011년, 마침내 이 문제를 세상에 알렸다. 예루살렘에서 살기 위한 그의 투쟁에 대해 알렸고 다수의 기독교 단체와 에큐메니칼 파트너, 국제 비영리단체에게 도움을 구하였다. 우여곡절 끝에 시련이 시작된 지 13개월이 지난 2011년 9월, 그와 그의 가족은 예루살렘 거주권을 얻게 되었다.

그러나 평범한 팔레스타인 사람들에게는 주교의 경우와 같은 네트워크와 자원이 없다. 보통의 팔레스타인 사람들은 거주권을 취소당하거나 거주권 갱신을 거부당할 경우, 가족과 이별하고 생계를 잃게 되며 교육과 병원 치료로부터 단절되고 예배드릴 권리가 부정되는 등 인생의 큰 비극을 맞게 된다. 사실, 동예루살렘은 팔레스타인 자치정부 경제의 35%를 차지한다. 이 땅에 대한 이스라엘의 불법적 합병과 웨스트뱅크의 다른 지역에 사는 팔레스타인인들에게 가해지는 접근 금지 문제는 2000년 이후 막대한 팔레스타인 사람들, 특히 팔레스타인 그리스도인들이 이민을 떠난 주요한 원인 중 하나이다.

피난을 가고 난민이 된 나의 어머니

유세프 다헤르*

나의 어머니 나히아(Nahia)는 하이파 근처의 아바스(Abbas) 거리에 살던 부유한 팔레스타인 가문인 바후스(Bahouth) 가 출신이다. 원래 바후스 가는 하이파 북동쪽 마을인 세파 아므로(Shefa Amro)에 살았고, 재산 대부분이 그곳에 있지만, 사업 운영을 위해 근처 도시로 이사하였다. 팔레스타인 북동쪽의 다른 많은 가족들처럼 바후스 가족은 유대인 군인들에 의해 학살당하지 않기 위해 레바논으로 피난을 떠났다. 그들은 레바논에서의 거주가 일시적일 것이고, 1948년 전쟁이 끝나면 집으로 돌아갈 수 있으리라고 생각했다. 피난을 떠난 지 2주가 지났고, 나의 할아버지는 여전히 집 열쇠를 주머니에 지니고 있었다. 그때 그는 이것이 자신이 겪게 될 기나긴 난민 생활의 시작이었음을, 다시는 하이파를 볼 수 없게 되었음을 미처 알지 못했다.

그들은 베이루트에 도착하여 할머니의 형제인 사바그(Sabbaghs) 가족의 집에 머물렀다. 그들은 난민이 된 대가족과 함께 살 편안한 환경을 만들기 위해 노력했지만, 일을 구하기 위해 시리아의 다마스쿠스로 이

---

* 예루살렘 인터처치 센터 사무총장

주해야 했다. 나의 할아버지는 다마스쿠스의 호텔에서, 할머니는 정유회사에서 일을 시작하였다. 교육 수준이 높았던 나의 외조부모님 두 분은 일로 성공을 거두었고, 베이루트 에인 루마나(Ein Rumana)의 아파트를 계약한 상태였지만, 다마스쿠스에 새집을 지었다.

나의 어머니는 다마스쿠스에, 아버지는 예루살렘에 살았다. 오늘날 이 두 도시는 멀리 떨어진 세계와 같다. 1948년부터 1967년까지의 짧은 기간 동안, 요르단, 팔레스타인, 시리아와 레바논 간 국경은 열려 있었다. 오늘날엔 상상도 할 수 없는 일이다. 나의 부모님은 두 분 모두 '레지오 마리아' 운동의 일원이었다. 레지오 마리아의 다마스쿠스 여행 중에 아버지는 시리아의 레지오 마리아 리더였던 나의 이모 비다(Vida)와 만났고, 또 다른 여행에서 그녀의 자매이자 미래의 신부인 나의 어머니를 만났다. 아버지는 어머니를 보고 첫눈에 사랑에 빠졌다고 한다.

이후 아버지와 어머니는 시리아를 오가는 친구들을 통해 편지를 주고 받았다. 아버지는 마침내 청혼을 하기로 마음을 먹고 어머니가 계신 시리아로 향했다. 두 사람은 다마스쿠스에서 약혼식과 결혼식을 올렸다.

나의 이모는 베이루트로, 나의 어머니는 예루살렘으로 이주하여 살았다. 어머니는 난민이 되었지만, 1967년 이전에 아버지와 결혼했고 예루살렘으로 이주하여 살았기 때문에 이스라엘은 어머니에게 예루살렘에 영구적으로 거주할 수 있는 신분증을 지급하였다. 그리하여, 하이파 출신의 난민이 예루살렘 거주자가 되었고, 그녀는 예루살렘에 안식처를 만들어 아들 셋과 딸 하나를 키웠다.

피난을 떠나고 난민이 되었던 어머니의 이야기는 고국 땅을 떠났던

점령되지 않는 신앙

팔레스타인 사람들 사이에서는 굉장히 흔한 이야기이다. 반면, 어머니처럼 팔레스타인으로 돌아올 수 있는 경우는 별로 없다. 나는 언젠가 어머니가 하이파의 외조부모님 집에서 살 수 있게 되기를 소망한다.

결론 및 제안

지금까지의 사례 연구들로부터 우리가 얻은 결론은 점령이 팔레스타인 그리스도인들에게 미치는 영향은 매우 불균형적이라는 사실이다. 때문에, 이스라엘 점령이 팔레스타인 그리스도인들에게 미친 영향은 숫자가 아닌, 비율의 관점에서 보아야 한다. 팔레스타인 그리스도인 공동체는 숫자 면에서 이미 적기 때문에 일반적인 팔레스타인 사회와 비교하여 어떤 영향이든 높은 비율로 작용한다.

이 지역에서의 갈등의 역학 관계가 이슬람-유대교 간 충돌로 변화되지 않기 위해 그리스도인들의 존재는 계속되어야만 한다. 이스라엘은 이 땅을 유대인들의 국가로 인정해야 한다고 계속해서 요구하기 위해, 팔레스타인에 이슬람 국가(Islamic State, IS)를 세우는 선례를 만들려고 할 것이다. 이 때문에 팔레스타인 그리스도인들은 그들의 고향 땅을 떠나서는 안 된다. 모든 공동체의 보전과 평화적 공존을 위해서는 홀리랜드의 어떤 지역도 특정 종교에 의해 독점되어서는 안 된다.

또한, 팔레스타인 그리스도인들은 팔레스타인 정체성 구성에 중요한 역할을 하고 있다. 그들이 감소하면, 팔레스타인의 문화적, 인류학적 토양은 메말라 갈 것이다. 팔레스타인 그리스도인들은 동양과 서양을 잇는 가교로서의 역할을 하고 있기도 하다. 이로 인해 그리스도인 공동체는 서양의 동조를 받는 이스라엘에 의해 특별한 타깃이 되어왔다. 이스라엘의 군사적 점령하에서 팔레스타인 그리스도인들에게 불의한 일들

점령되지 않는 신앙

이 행해지면, 이는 곧 모든 팔레스타인 사람들과 그들의 뿌리가 고통을 당하게 됨을 의미한다.

당신이 교회에 다니고 있다면, 팔레스타인 점령지 중 한 곳과 연계하여 교회가 팔레스타인을 지지하고 있음을, 팔레스타인 그리스도인들은 잊혀진 존재가 아님을 보여줄 것을 제안한다.

에큐메니칼 동반자가 되기를 원하거나, 에큐메니칼 동반자 프로그램을 통해 웨스트뱅크 일곱 지역 중 한 곳을 방문하기를 원한다면 웹사이트(www.eappi.org)에서 더 많은 정보를 찾아볼 수 있다.

점령을 종식하고 정의로운 평화를 구현하기 위해 취할 수 있는 행동에 대해서는 부록 I에 수록된 마진 쿰시예 교수의 '정의로운 평화를 위한 50가지 행동'을 참조하기 바란다.

부록

정의로운 평화를 위한 50가지 행동

마진 쿰시예 교수*

1. 신뢰할 만한 책을 읽고 스스로 공부하라. 예: 일란 파페(Ilan Papee)의 Ethnic Cleansing of Palestine(팔레스타인 인종 청소), 에드워드 사이드 (Edward Said)의 The Question of Palestine(팔레스타인 문제) 등

2. 웹사이트를 통해 최근 정보를 확인하고 중요한 역사적 사실에 대해 공부하고 이를 확산시키라. 예: http://www.imemc.org/, http://electronicinitifada.net/, http://english.aljazeera.net/, Encyclopedia of the Palestine Problem, Palestine Remembered 등

3. 팔레스타인에 방문하고 팔레스타인에 대해 기록하라. 영감을 주는 여행을 진행하는 단체가 많이 있다. 예: Siraj Center, Alternative

---

* 마진 쿰시예 교수는 점령당한 팔레스타인 지역인 베들레헴과 버제이트 대학교에서 가르치고 연구하는 일을 하고 있다. 민족 간 화해를 위한 팔레스타인 센터(the Palestinian Center for rapprochement Between People)의 위원장직을, 그리고 베이트 사홀 분리 장벽 및 정착촌 반대 대중위원회(Popular Committee Against the Wall and Settlements)의 코디네이터 역할을 맡고 있다. 그는 『가나안 땅 공유하기: 인권과 이스라엘인-팔레스타인인의 투쟁』(Sharing the Land of Canaan: Human Rights and the Israeli/Palestinian Struggle)과 『팔레스타인 대중적 저항운동: 희망과 권한의 역사』(Popular Resistance in Palestine: A History of Hope and Empowerment)의 저자이다.

점령되지 않는 신앙

Tourism Group, Holy Land Trust, Global Exchange, Birthright Unplugged, ISM 등

4. 인종 차별과 식민지화에 반대하는 단어를 포함하여 명확한 어휘를 사용할 수 있도록 연습하라. 예를 들어 안티-파르트헤이트(Anti-partheid) 관점을 개발할 수 있는 어휘를 찾아보라: http://www.endtheoccupation.org/downloads/AAF%20curriculum%20training%20.pdf

5. 언론이 가진 편견에 대해 공부하고 다른 사람들에게 알려 언론의 편견에 도전하라. 예: http://ifamericansknew.org/

6. 주류 언론에 편지를 쓰라. 편집장(200자 내외)에게 편지를 쓰거나 기고문(700-900자)을 낼 수 있다.

7. 그룹을 만들거나 기존 그룹에 참가하여 정의를 위해 일해보라. '팔레스타인'을 검색하여 당신이 사는 도시에서 정의를 위해 일하고 있는 단체들을 찾아보라.

8. 점령지에서 활동하는 국제 연대 운동, 에큐메니칼 동반자 프로그램, 기독교 평화 사역팀 등의 단체에 참여하라.

9. 진보 정당이나 진보 단체와 긴밀한 관계를 형성하라.

10. 미국의 이스라엘 지원을 제재하고 중지시키기 위해 활동하는 단체들과 연대하고 이를 강화하라. 예: Suspend US Aid to Israel Now

11. 로비단체를 지원하고 참여함으로써 로비활동을 펼쳐가라. 예: Council of the National Interest, Citizens For Fair Legislation, American Arab Anti-Discrimination Committee, Center for Policy Analysis on Palestine, American Association for Palestinian Equal Rights(http://www.aaper.org/).

12. 토론회, 세미나, 공공 대화를 개최하라. 장소와 강연자를 선정하고 이를

알리면 된다. 섭외 전문기관을 갖춘 팔레스타인 미디어 워치와 같은 기관의 도움을 받을 수 있다.

13. 투명하고 믿을 만한 단체를 통해 현장의 사람들에게 직접적인 지원과 지지를 보내라.

14. 유튜브와 구글 비디오를 활용하여 정보를 확산시키라

15. 지역 법원과 국제 법원을 통해 이스라엘에 문제를 제기하라. 변호사라면, 시간을 내어 관련 기관과 연대하고 소송을 시작하라(예를 들어 미국 의회가 이스라엘에 자금을 보냄으로써 미국 법을 위반하고 있는 것에 대해 소송을 제기할 수 있다. 또, 미국 시민들은 자신들에게 해를 주는 외국 정부를 상대로 소송을 제기할 수 있다). 높은 관심을 갖고 팔레스타인 사람들을 대신하여 활동하고 있는 단체들과 연대하라. 예: Lawyers Without Border, National Lawyers Guild, Al-Haq, Yesh Din, Adalah – 이스라엘의 아랍 소수자 권리를 보호하는 단체

16. 팔레스타인을 위한 연합 사역을 돕고 이 문제를 계속 다룰 것을 요구하라. 예: http://CTUnitedforPeace.org

17. 단체에서 일하고 있다면, 지역적 혹은 국가적 연합체를 결성하여 영향력을 증가시킬 것을 제안하라.

18. 경제적 보이콧 캠페인에 참여하라. 예: http://www.qumsiyeh.org/boycottsanddivestment/

19. 문화계와 학계의 보이콧 캠페인에 참여하거나 이를 시작하라. 예: http://pacbi.org

20. 팔레스타인의 풍부한 문화를 보여줄 수 있는 작품 전시회나 공연(음악, 데브카 등)을 개최하라.

21. 시민 불복종 운동에 참가하여 이목을 끌고 정책 변화를 일으켜라.

22. 접근권을 지원할 수 있는 캠페인을 개발하라. 예: www.righttoenter.

점령되지 않는 신앙

ps, http://www.countercurrents.org/audeh110907.htm

23. Wheels of Justice 버스 투어(미국)나 이와 유사한 여행 프로그램을 통해 팔레스타인 방문을 독려하라. justicewheels.org를 참고하라.

24. 팔레스타인 아동 구호를 위해 기부하라. 예: Palestine Children Relief Fund, Playgrounds for Palestine

25. 정치인들의 이스라엘 관비 여행에 반대하라. 예를 들어, 유대인 공동체가 사용하는 가장 강력한 로비 전략 중 하나에 도전하기 위해 메릴랜드 자치정부에서는 지역 의원들이 더 이상 유대인의 후원을 받는 이스라엘 여행을 가지 않기로 결정하였다. http://www.forward.com/articles/11553/

26. 가자지구에 대한 포위를 중단하라고 외치는 캠페인에 참여하라. http://www.freegaza.org/, http://www.witnessgaza.com/

27. 차별에 반대하며 당신의 국가에서 일하라. 차별에 반대하는 아랍인들은 아래에서 볼 수 있다: http://www.aad-online.org/, American-Arab Anti-Discrimination Committee http://www.adc.org

28. 인권을 지지하라: http://www.amnesty.org, Human Rights Watch: http://hrw.org/doc/?t=mideast&c=isrlpa B'Tselem:The Israeli Information Center for Human Rights in the Occupied Territories http://www.btselem.org

29. 교육을 받을 권리를 지지하라: http://right2edu.birzeit.edu/

30. 유엔 구호기구를 후원하라: http://www.un.org/unrwa/

31. 주택 철거에 반대하라: Israeli Committee Against House Demolitions: http://www.icahd.org/eng

32. 팔레스타인에서 온 청년들을 격려하라: http://www.yfppal.com/, http://www.alrowwad-acts.ps

33. 대안 대중매체에 기고문을 쓰고 이들과 함께 일하라. 예: DemocracyNow, Public Access TV

34. 자신만의 콘텐츠를 만들고 웹상에 게시하라.

35. 다수에 도달할 수 있도록 소셜 네트워킹 사이트를 활용하라. 예: 페이스북

36. 채팅, 이메일 토론 등을 통해 이 사실을 알리라.

37. 팔레스타인 생산품을 구입하라. 예: www.palestineonlinestore.co, www.canaanfairtrade.com, www.palestinefairtrade.org.

38. 평화와 정의를 위해 기도하라. 종교가 없다면, 팔레스타인의 정의로운 평화 정착을 위해 무엇이 필요한지 생각해보라.

39. 팟캐스트 혹은 대중 서비스를 활용하여 사실을 알리고 확산시키라.

40. 교통 통행로나 눈에 잘 보이는 공공장소에 배너를 걸라.

41. 대학교의 학생 센터, 공공 모임 장소, 축제 등 사람들이 모이는 곳에서 정보를 알려라.

42. 당신의 집에서 모금을 위한 파티 혹은 저녁 식사 모임을 개최하라.

43. 공공장소에서 관련 문서를 소개하고 이에 대해 토론하라.

44. 시오니즘을 지지하는 입장과 평등과 정의를 지지하는 입장 간 토론회를 구성하라.

45. 소통이 원활하도록 아랍어나 히브리어 등을 배우라.

46. 거리 공연을 기획하라.

47. 시민 불복종 운동에 참여하라(이것은 체포될 가능성을 수반한다).

48. 기독교 지도자들에게 카이로스 팔레스타인 문서에 기초하여 행동하도록 요청하라. www.kairospalestine.ps

49. 시오니스트들이 위키피디아를 조작하려는 시도를 방해하라(예: 무료 웹 백과사전인 위키피디아에 시오니스트들의 왜곡된 견해를 폭로하라).

점령되지 않는 신앙

50. 편견을 감추는 잡담이 아닌, 정의를 위한 행동에 기초한 진정한 종교 간 대화를 시작하라
51. 인권을 침해하고 세금을 전쟁과 압제에 사용하는 정부에 대한 세금납부를 거부할 수 있는 방법을 찾아보라.
52. 아랍 음식으로 차린 저녁 식사를 대접하라. 가나안 시대로 돌아가 수놓은 드레스를 입고 사람들에게 아랍의 풍부한 전통을 보여주라.

고난받는 팔레스타인 민족의 가슴속에서 우러나는 믿음과 소망과 사랑의 말씀을 전할 때가 왔다[*]

이 문서는 팔레스타인 그리스도인들의 호소문이다. 우리는 먼저 우리 자신에게, 그리고 세계 교회의 자매형제들에게 팔레스타인 지역의 정의로운 평화를 위해 일해 줄 것을 호소하는 바이다. 1985년 카이로스 아프리카 선언이 발표되었을 때와 같이 우리의 호소를 듣고 우리를 지지해주기를 요청한다. 우리는 이 문서가 평화, 존엄성, 안전을 위한 투쟁 그리고 홀리랜드의 모든 인간을 위한 투쟁의 도구가 되기를, 또한 점령을 종식할 계기를 만들어내기를 소망한다.

● 왜 지금인가?

왜냐하면 오늘 날 팔레스타인 민족의 비극이 막다른 골목에 도달했기 때문이다. 결정권을 가진 자들은 현존하는 위기에도 불구하고 하루하루 현상을 유지하는 데 만족하고, 위기를 근원적으로 해결하기 위한 방법을 찾지 않고 있다. 문제는 단지 정치적인 것만이 아니다. 인간을 파괴하는 정책의 문제이다. 이 선언은 희망의 징조이다.

---

[*] 이 글은 카이로스 팔레스타인 '진실을 말할 때'의 요약문에서 발췌. 자세한 정보와 서명은 다음의 홈페이지 참조. www.kairospalestine.ps.

● 선언문 주제

1. 앞 부분에서는 팔레스타인 그리스도인과 무슬림 모두가 경험하는 현실의 문제를 다룬다. 분리 장벽, 이스라엘 정착촌, 종교의 자유 제한, 난민, 수감자, 예루살렘, 이주, 그리고 이스라엘 국가에 사는 팔레스타인 사람들의 문제가 그것이다.

"평강하다, 평강하다 하나 평강이 없도다"(예레미야 6:14).

2. **신앙의 말씀**: 우리는 우주와 인류의 창조자이신 한 하나님을 믿는다. 우리는 하나님의 선하심이 끝내는 우리의 국토에 가득한 전쟁과 갈등의 악을 물리치실 것이라고 믿는다. 그러므로, 땅에 대한 약속은 오늘날 이 땅의 갈등에 불을 지피는 정치적 아젠다로 이해되어서는 안 된다. 우리는 하나님의 말씀을 모든 이들을 위한 복음으로서 믿는다. 하나님의 말씀이 어떤 이들에게는 '생명의 소식'을, 또 어떤 이들에게는 '죽음의 전조'를 의미할 수는 없다. 그러므로, 땅에 대한 약속은 오늘날 갈등에 불을 지피는 정치적 아젠다로 이해되어서는 안 된다.

우리는 그리스도인으로서 그리스도 안에서 모든 약속은 성취될 것이며 그의 말씀은 모든 이들에게 보편적인 말씀임을 믿는다.

우리는 이스라엘이 팔레스타인 땅을 점령한 것은 죄라고 선언한다. 하나님께서 팔레스타인 민족에게 부여하신 기본적인 인권을 박탈하고 있기 때문이다.

3. **소망의 말씀**: 현재의 상황은 조속한 시일 내에 해결되거나 우리에게 강요된 점령 상태가 종결되리라는 약속을 주지 못하지만, 우리는 여전히 소망한다. 우리는 악에게 지지 않고 지속적으로 악을 마주하고 악에게 저항한다. 우

리는 우리의 믿음으로부터, 그리고 2천여 년 동안 이 땅에 존재해왔다는 사실로부터 소망을 얻는다.

4. **사랑의 말씀**: 원수를 사랑하라는 것은 어려운 명령이지만, 우리는 이 사랑의 명령을 따른다. 그러나 원수를 사랑하는 것이 불의까지 사랑하는 것을 의미하지는 않는다. 사랑은 모든 인간 안에서 하나님의 얼굴을, 인간의 존엄성을 보는 것이다. 그리고 사랑은 불의로부터 그들을 해방시키는 것이다.

그러므로 그리스도인으로서 이스라엘의 점령에 대한 우리의 의견은 저항해야 한다는 것이다. 우리의 저항은 그들의 존엄성과 우리의 존엄성을 위한 일이다. 우리의 저항은 창조적인 비폭력 저항, 대중적 저항, 인내, 점령국이 만들어낸 모든 상품에 대한 경제적 보이콧, 그리고 이스라엘 지도자들을 압박하여 평화와 정의의 길을 열게 만드는 모든 평화적 방법을 포함한다.

5. **자매형제를 위한 우리의 호소**: 앞이 꽉 막힌 미래에 직면하여 우리가 모든 그리스도인 자매형제를 향해서 하고자 하는 말은 확고한 신념으로 인내하자는 것이다. 무슬림을 향한 우리의 메시지는 더불어 살자는 사랑의 메시지이다. 유대인을 향한 우리의 메시지는 점령을 종식시키고 정의를 확립한 뒤에 서로 사랑하며 함께 더불어 살 수 있다는 것이다.

6. **세계의 교회를 향한 호소**: 팔레스타인 민족의 자결권을 지지한 많은 교회와 기독교인들에게 깊은 감사의 말씀을 드린다. 그리고 이스라엘의 불의와 점령에 대해 신학적 정당성을 부여하려 하는 몇몇 교회들에게는 이러한 시도를 멈추어 주기를 호소한다.

7. **국제사회를 향한 우리의 호소**: "이중적인 기준"의 원리를 포기하고 모든 정

파를 존중하며 팔레스타인 문제에 관한 국제적인 해결책을 모색해 줄 것을 호소한다.

8. 팔레스타인 민족과 이스라엘 민족, 그리고 유대교와 이슬람교의 지도자들을 향한 호소: 모든 피조물 안에서 하나님의 얼굴을 보기를 호소한다. 국가의 건설은 종교에 대한 존중, 동등함, 정의, 자유, 다양성에 대한 존중을 기초로 해야 하고 모든 시민을 위한 것이 되어야 한다. 예루살렘은 우리들의 비전과 삶의 기초로 남아야 한다. 예루살렘은 모두에게 열려있어야 하며, 세 가지 서로 다른 종교를 지닌 두 민족이 어떤 종류의 제한도 없이 함께 살아가는 곳이 되어야 한다.

● 결 론

우리는 하나님의 선하심이 끝내는 우리의 국토에 가득한 죽음과 증오의 악을 물리치실 것이라고 믿는다. 우리는 이곳에서 서로를 자매와 형제로 사랑하도록 성령 안에서 일으켜 세우는 '새 땅'과 '새로운 인간'을 보게 될 것이다.

부록 III

팔레스타인 그리스도인과 팔레스타인법

1994년 팔레스타인 자치정부가 수립된 이후, 팔레스타인 그리스도인들은 평화 프로세스 구축에 기여하며 아래의 결과를 도출해냈다.

1. 1996년 팔레스타인 자치정부는 크리스마스를 국가공휴일로 지정했다.
2. 2001년 12월 30일 서명된 대통령령에서는 베들레헴, 베이트 잘라, 베이트 사훌, 라말라, 버제이트, 타이베, 지프나, 아부드, 아인 아리크, 자바브데 10개 지역의 지방의회 의장직은 팔레스타인 그리스도인이 맡아야 한다고 정했다.
3. 2005년 9월 15일 서명된 대통령령은 점령지에 16개 부서를 설립하고 이 부서에 팔레스타인 국회 66개 의석과 전국구 1개 의석을 할당했다. 또한 66개 의석 중 10%인 6개 의석은 팔레스타인 그리스도인들에게 할당했다.
4. 2006년 9월 11일 장관회의에서는 기독교인 학생들과 무슬림 학생들이 주말에 학교 공간을 이용할 수 있도록 하였다.
5. 2007년 3월 3일 발표된 대통령령은 지역과 세계교회의 기독교 현안 (법, 재산, 기관 등)과 이에 대한 대응, 지역과 국가적 차원의 종교 간 대화를 위한 활동 등을 다룰 고위급 위원회를 설립하였다.
6. 2008년 11월 7일 발표된 대통령령과 2008년 8월 8일 발표된 국회 선언에서는 점령지에 13개 기독교 교회를 공식적으로 인정하였다.

점령되지 않는 신앙

또한, 많은 그리스도인들이 팔레스타인 지방자치단체장, 장관, 고문, 대사, 총영사, 사절단장, 유엔 대사, 의회 구성원, 자치정부 구성원, 다양한 정당 대표 등으로 활약하고 있다.